致 每一位對家人又愛又恨的你

contents

| Chapter Two |

相恨相害

| Chapter Three |

相處相愛

| Chapter Four |

再會再見

| Chapter Five |

遺愛遺傳

序

這是一本總要完成的作品，但一直也等待著合適的時機落筆，會如此糾結，只因這本書的主題是家人。

談過愛情，說過友情，終於要討論對很多人來說也是又愛又恨的人生課題——親情。面對家人，誰沒有一些複雜的情緒？你會特別容易怒火中燒、你會特別容易難過淚垂、你會特別容易緊張焦慮，但同時，你也會特別容易心軟原諒、你也會特別容易給予體諒。

原來當一個人是和你如此親近，很多的百感交集也是說不出原因。

在我的原生家庭裡，我是排行最細的幼子，由小到大也是看著比我年長的兩位姊姊和父母學習待人處事。年少的我偶爾會任性小氣，偶爾會向家人發脾氣，偶爾會恃著自己的位置而橫蠻無理… 大概，這就是當幼子的專利。

現在回想，才終於發現自己是多麼的幸福。

這份幸福，是因為總有人給予我無限量的原諒及包容；

這份幸福，是因為總有人會在我最軟弱時給我鼓勵和抱擁；

這份幸福，是因為總有人可以容許我任性地走自己想走的路。

就是因為我的家人，我才會有能力去完成這部作品；甚至是因為他們，我才有幸踏上創作路而不斷創作不同的作品。

我很慶幸自己在一個充滿愛的家庭裡成長，我的家人就是我生命裡最珍貴的禮物，而他們亦在不同階段給予過我很多彌足珍貴的厚禮，好比是善良、堅忍、同理心，以及對自己生命負責任的胸襟。

你們常說我的文字很溫柔，其實全有賴我的家人給過我的所有。

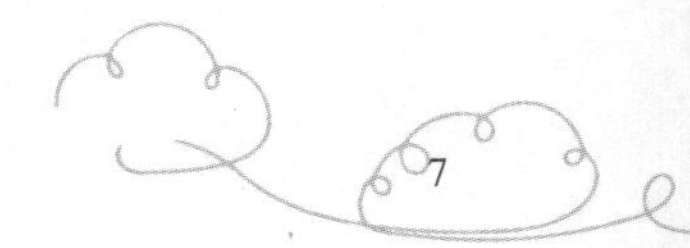

我的家人啊，我想告訴你們：你們家中的幼子終於長大了，他終於有能力去明白你們的過去，他終於有智慧去表達對你們的關心，他終於懂得拿著你們給過他的愛，去學習如何去愛，再把這份愛化為溫度向外傳開。

謝謝你們容許我一直做回我。

這一本書每一篇文章的最後，也有一些提問留給每一位讀者。漸漸我發覺，好的創作不一定是要給受眾一個答案，相反是給受眾一個問題，好讓他們能慢慢咀嚼，再在他們的人生旅途裡尋找屬於自己的答案。

若然，當你看完整本書後，當你思量過所有問題後，滿腦子一直浮起了某一張臉，心裡一直冒起了某些話語，願這本書的文字能化作勇氣，令你不吝嗇的把仍可愛的愛回饋，把仍可說的話傳遞，好讓未來的自己能活得無悔亦無愧。

還記得數年前母親問過一句：「到底是誰發明了生老病死？」

今天的我，就用這本書的書名作為對彼此的承諾和答案。

親愛的家人，願餘生和來生繼續多多指教。

唐啟灃
你們的細佬
2025 年 3 月 21 日

這一本書，特別獻給

我的原生家庭 我的延伸家庭
我的家族 我的親屬

還有

我生命中遇過的每一位家人，
活著的，暫別的，
以及沒有血緣關係的。

| Chapter One |

初生初見

第一束光

在誕生之前，我們是甚麼？或許我們甚麼也不是。

穿越著時光隧道，上輩子的悲喜愛恨也逐一被清空，世界不公但生命始終公道，意外身亡的他，安詳離世的她，氣絕過後便會無牽無掛；顛沛流離的他，飛黃騰達的她，榮與辱也始終帶不進泥濘之下；臭名昭著的他，名流千古的她，沉睡了便再聽不到世間的閑話；孤獨終老的他，兒孫滿堂的她，床邊沒人或齊人也始終會害怕；無悔無憾的他，執迷不悟的她，離場時仍執著還是放下，大概全取決於一個字——「家」。

在我們擁有生命之前，我們已擁有著一個家。然後，在我們完結生命之後，這個家仍然會繼續延續，繼續遺傳，好比是一首萬世流芳的歌謠，懂得傳頌的人很多，卻沒有太多人能記起作曲的人是誰。

來到時光隧道的末端，你的記憶也完整地歸零了，你將會化作一道光，灑在某土地上，透進某瓦磚內，再為結合了的人帶來一絲希望，一場驚喜，一點擔憂，一抹焦慮，一份責任，以及一些新的身分，還有一些新的情緒。

對，在你剛擁有生命的那一瞬，你的存在已為那些還未碰面的人帶來久違了的生命力。

當活著是如此壓抑，有生命也不等於有生命力，願你來生能找到令你心跳加速的刺激，不計較地兌現屬於你的生命價值。

一道又一道的光線打進了被選中的住宅內，光化作了墨水為族譜寫上了新的名字，未乾透的一撇一捺亦隨即滋養了那生生不息的家族樹。枯葉是前人的養分，嫩葉是新人的誕生，落葉歸根，向死而生，新與舊也統統是果也是因。

不知道於這一生，你又會在怎樣的家誕生，而這個家又會為你帶來怎樣的人生？

有一束光，被期待已久的父母抓緊。新生命的第一份禮物便是父母們的初吻。父親視家庭為他拚搏的原因，母親視孩子為她畢生的確幸，孩子的成長圍繞著至親們的寵幸，每當寂寞時總可回到他們的懷中尋回體溫。

有一束光，被嘈吵的家庭接著。空降的新生命成為了家庭的新中心，少不免會引起姊姊們的妒忌和不甘。老大仍然是老大，不過她需要「做個好榜樣」的壓力亦越大；本來的妹妹成為了老二，被夾在二人之間彷彿不會再被重視；而一出世已被器重的孻女，怎麼一輩子也要活於父母所搭建的溫室裡？三姊妹心有不甘，卻不敢承認一句父母偏心。

有一束光，被獨力支撐著的母親握於手中。不管婚姻誰勝誰負，孩子始終是無辜，當父親成為了前夫，母親自然有更多的責任需要背負。家長日單人到赴，父親節無須歡呼，難怪孩子對父親的形象如此模糊，甚至會對男生感到無比厭惡。

有一束光，透過折射而一分為二，成為了無獨有偶的雙生兒。誰先出來便誰先叫姊姊，相差一秒已足以定義彼此。一樣的臉孔，一樣的髮型，一樣的衣飾，一樣的鞋履，而雙方的心裡也有著對自我的相同問句：你是誰？我是誰？我們又是誰？父母說要無分彼此，但怎麼暗地裡竟想擺脫對方的影子？兩生花交情不淺，但同根的比較又仿似在所難免。

有一束光，照進地板上無人願照料，只因父親只著緊賭博派彩的發票，母親只享受酒精所麻醉的煩囂。孩子未發育完成已被迫成長，他早習慣看到門前貼滿了父親身分證的恐嚇單張，他亦早習慣聽到母親喝醉後的咆哮聲張，來到第七次搬家的晚上，孩子淚眼看著破爛的橫樑，不明自己為何要存在於這個世上。

有一束光，傾側了散落於沒登記的地址，新生命的標籤寫著無名氏，而世人便只好稱他作孤兒。從來沒有擁有過，或許便不會有失去的失落，但偶爾看到街上的一家三口如何投懷送抱，心底也難免會泛起羨慕。原來當年的自己不止被遺棄，還有被剝奪了學習愛的權利。

光的形態萬千，鑿壁偷光是光，光芒四射是光，可惜光的本身難以自控投射後的著陸地，它便只好隨環境改變形狀，隨四周調節光暗。

很快，你便會張開眼睛，生命的第一束光會為你的心跳作見證，光會令你看到圍觀著你的身影，他們就是你的家人，而這個關係是由你誕生一刻便注定會廝守終生。

夜越夜，光越光，有人怕黑，便自然有人畏光。

大概你對自己剛出生時的畫面
不會留下任何印象，
但你的家人卻歷歷在目。
不如，問一問他們
你出世時的一刻到底是怎樣的？

傳家之寶

每一個家庭也會有一份代代相傳的傳家之物，由祖先那一代開始已不斷流傳至今，它實在但無形，卻烙印於血液裡伴隨著新生命甦醒。

於故鄉的祖屋裡，深宵時份傳來了女嬰的第一聲震耳欲聾，虛弱的母親把小生命抱於懷中，再在她的耳邊送上一句由衷的祝福；事過境遷，祖屋已被收購再清拆了，這位母親早已成為外祖母，而那位女嬰亦不經不覺地長大成人，成為了母親，亦在城市的醫院內為她的女兒獻上初吻，再在她的耳邊送上慰問。光陰猶如那沒有定睛盯著的時鐘，稍一不慎便來到了新市鎮的居所內，那女嬰亦仿照外祖母和母親的路誕下瑰寶，她抱著自己的骨肉，於她的耳邊送上了同樣的祝福。

一代傳一代，一代傳一代，故事就是這樣不斷連載。

中午的陽光柔和得打在初生的肌膚上也不感熱燙，光線經窗簾照進女嬰的眼簾，她便從午睡中醒來了，甦醒的呼喚令母親也放下手上的信件，再走到嬰兒床邊細看她對世界充滿好奇的臉。母親給女嬰一抹輕吻再看著她，在肌膚之親與眼神接觸之間，母親感到的是一份慶幸，因為女兒的大眼睛和自己的雙眼長得很接近，嬰兒也和母親和外祖母一樣有著那櫻桃的小嘴。真好，女兒遺傳了三代人的精緻，願她的未來可以得到他人的重視。

一代傳一代，一代傳一代，性格刻骨了便難以更改。

女嬰剛過了只能喝母乳的階段，口腔需要鍛鍊，而糊仔和稀粥便成為了她的新挑戰。餵食的過程是痛苦的，而母親的耐性也會如稀粥的溫度般隨時間遞減，女嬰一不喜歡便會把食物吐出來，甚至可以把它含在口中不咀嚼也不吞吐，而母親有時候也會不吞吐地破口大罵，但下一秒又會頓時後悔了，只因眼前人的多疑和倔強，其實跟曾經的自己是多麼的像。把女兒吃剩而又冷卻了的稀粥緩緩吞下，想起了自己剛才的破口大罵，這位母親又再次質疑自己是否一位好媽媽。

一代傳一代，一代傳一代，有新生命自然會有新期待。

為人父母，總是帶點口是心非的。孩子未誕生前，只希望他能健康快樂成長；孩子健康落地後，又會希望他有萬人景仰的模樣；孩子入學了，便暗地期望他可品學兼優；

孩子畢業後，又會期望他加入大公司年薪雄厚。或許，這不是父母的表裡不一，而是人類貪婪的本質，又或者純粹是希望子女能修補自己無能力扭轉的遺憾。母親抱著女兒哄她入睡，她把她擁進懷裡，再默念著她對她的畢生期許。前人留給自己那未完成的憾事，願女兒長大後能把它實踐。

由外祖母到母親，由母親到自己，再由自己到女兒，這位母親也秉承著家族的傳統，把基因和觀念一代傳一代的遺傳下去。

女嬰終於熟睡了，而母親終於有些私人時間去處理擺放於桌上的信件，她拿起筆一面填寫著社署寄來的綜援申請表，一邊把律師行寄來的離婚協議書拆掉。她沒有哭也沒有笑，卻忘懷不了丈夫在女兒誕生前如何一聲不響的逃之夭夭。

三代女人同是母親，她們也含辛茹苦把女兒養大成人；三代女人同一命運，她們也一個人獨力養大著一個人；被拋棄又怎可能不記恨？難怪她們給初生嬰兒獻過吻，便不約而同在她耳邊說了句「別相信男人」。

深宵時份，女嬰依然熟睡得甜蜜，但母親卻被逼真的噩夢纏繞再喚醒。在夢中，她看到外祖母如何在鄉村被拋棄，亦看到母親如何被趕出家門再養大自己。在現實，她看著身旁睡得酣然的女兒，彷彿能把她的未來在此刻預視。

原來我們一出世，便已背負著幾代人的人生課題；

原來遺傳的不止是基因，還有那幾代人也解不開的疑問。

一代傳一代，一代傳一代，這種遺傳的死結該等誰來解開？

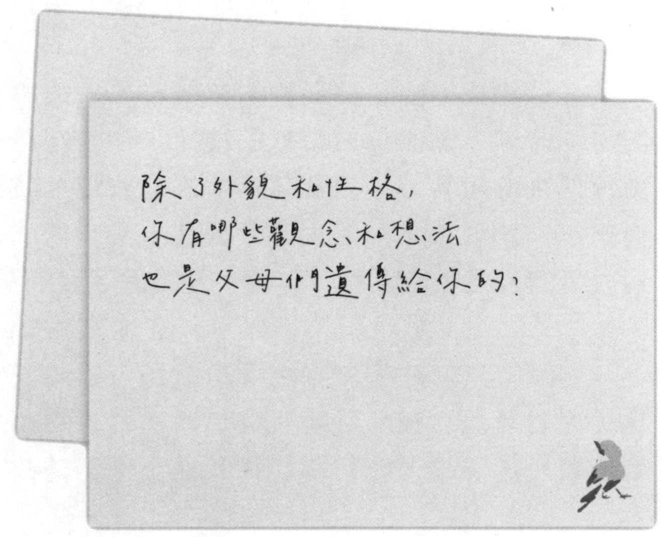

床邊故事

世界上最長的故事是甚麼？或許，那就是人生。

「再多說一個吧！說完這一個後我便真的會去睡了。」
「好吧，怕了你，就多說一個吧。」
「太好了！」
「但這是最後一個了，說完後，便真的要睡覺了。」
「知道！」

童年的我，就是在父親的驕縱和床邊故事裡成長。還記得那時候，舊居位於較低的樓層，傍晚時份偶爾會傳來街角傳來的叫囂聲、吵罵聲，膽小的我總會被這些噪音嚇得躲於被鋪內久久未能入睡，因此，父親便開始了用說床邊故事的方式哄我入眠，一說，便說遍了我的整個童年。

那段時光遙遠卻深刻，那份親切，猶如雛鳥第一眼看見暖光般難以忘懷。父親說故事時的聲音很溫柔，而他那繪形繪色的演繹，亦彷彿能帶我進出不同的故事場景。因為父親，我早已擁有過迷城裡被封印的瑰寶、我早已親歷過一千零一夜的沙漠與星空、我早已參觀過從不對外開放的城堡……童話故事美好，但現實卻逼迫它無奈腰斬。童話始終屬於童年，當讀者長大得不願受騙，哪怕說書人仍想多寫一篇，暫停連載也是在所難免。

《伊索寓言》第三章第七節，是我和父親停留的位置，自此，床邊故事便成為了我們的歷史，原來，未完成卻又無需要書簽的書籍，對人對書也是一種絕情。

到了小學六年級的我，呈分試的來臨令我每天放學後也在不同的補習班裡遊走，而晚飯過後仍有沒完沒了的補充試題向我默默招手。有一晚，牆上倒數著呈分試的數字已來到單位數，恰巧和我的壓力指數形成反比。休息不足，加上狀態欠佳令我被一條方程式擊斃了，我哭著的跑到自己城堡的床上，淚眼令我再看不到乾燥的沙漠與星空，卻教我看清父親坐於床邊恍如解封了的瑰寶。他帶著微笑抹

去我的淚水，告訴我不管成敗他也會愛我如初。然後，不知不覺我便墮進夢鄉，再醒來時，我已經順利渡過呈分試。

青春期是一場半夢半醒的搜索之旅，上了高中的我，反叛得現在回想也會對自己生厭。很想擺脫父母的滋擾，但心底裡又不得不承認對他們的需要。發展未全面的雙臂很想證實自己能夠頂天立地，發育未完成的翅膀，很想表明自己能夠遠走高飛，但原來自己怎麼伸展也觸不到遙遠的天空，怎麼拍翼也受困於自製的鳥籠。每一天也在尋找自己的身分，歲歲渡過也解不開「我是誰」的提問，需要被慰問又害怕跟人接近，需要有個性又擔心與人離群，很多的矛盾，很多的問題，卻偏偏把自己困於房中，拒絕和父母親進行任何的溝通。青春期的床邊位置一直懸空，令上鎖了的房間更顯冰凍。

渡過了青春期的我總算成形，還未來得及適應，便要準備投身社會再被改頭換面。出來工作後，成長了亦被迫成熟了，和父母的關係已沒有如十七、八歲般支離破碎，會慰問但不會追問，會淺談但不會詳談，總覺得自己要背負一些責任，但另一方面亦嚮往擁有屬於自己的自由。這時期的我心和口總是不對的，心裡知道他們擔心，但口密如我就是不想多說工作的情況。或許任何關係也是這樣的，一旦疏遠了數年，親暱的畫面便難以再重演。幸好晚飯時份電視傳出的噪音不減，不然每夜鴉雀無聲的飯局會更顯家人之間的冷淡。晚飯過後回到房間，我們也早已搬往更高的樓層，床邊和窗外也分外寧靜，令我更懷念以往樓下傳來的叫囂聲，以及床邊娓娓道來的故事聲。

當無名指多了一圈，當匙圈多了新門匙，婚後的我已搬離了父母的舊居，和新的家人組織了新的人生。當身分由子女變成伴侶，原來當中有很多的適應和妥協需要面對。當廁所蓋叮囑了數十次仍被揭開、當筋疲力竭仍要盤算晚餐的飯菜、當意見不合時再沒有人會無條件的退後讓賽……方發現原來自己一直嚮往的自由其實附屬著沉重的責任，責任帶來壓力，但今天即使壓力爆煲，也再看不到那顆溫柔的瑰寶，坐於床邊給我抹去煩惱。枕邊人早已熟睡，不知道舊居的老人今夜的夢鄉會否憶起誰？

如是者，我的人生故事便來到了這個位置，未來的章節帶點未知，過去的段落存有瑕疵也是在所難免。**後悔過才會懂事，只因在父母面前，我們誰不是那後知後覺的孩子？**

「再多說一個吧。」

「好吧，怕了你，你想聽甚麼故事？」

「嗯……沒所謂，關於你的，我也想聽。」

「好吧，但這是最後一個了。」我強忍著淚水說：「說完後，便真的要休息了，爸爸。」

由當年，父親坐在我睡床邊說故事，到今天，我坐在父親病床邊說往事，兩者也是床邊故事，但後者卻多了一份恨錯難返的歉意。

那篇故事說完後，翌日，父親也真的與世長辭地休息了。

世界上最長的故事是甚麼？

原來，不是人生；而是帶有遺憾的終生思念。

有哪一件童年往事，
現在回想仍會內疚在意？
可以的話，
你會否想把這心事
向當事人誠實告知？

傾聽四季歌

兄弟姊妹，猶如春夏秋冬，各自也有自己的特色，彼此也有自己的價值；春花，夏光，秋葉，冬雪，並列一排便是生生不息的四季如畫，圍繞一圈便是循環不息的相依相靠。四季歌優美雋永，為這地球合奏出獨一無二的風景。

春天，是多麼的獨當一面。

沒有誰留下來的藍圖，它便只好用自己的方式為萬物創造。沒有人教過它如何令百花齊放，沒有人教過它如何令寒天暖和，它只知道世人對它的期望總是最高，因此它所背負的責任也是最重。春天，總是對自己最有要求的，這年的春風吹遲了令季候鳥迷路、明年的花期開遲了令蝴蝶的口腔苦澀、後年的露水凝遲了令葉紋出現裂痕……統統也會令春季自責徬徨，因為它最在意的便是大地給它的目光。春天心裡所壓抑的冤屈無數，但懂性的它從不會放肆狂嚎，憂鬱的內心無人看到，難怪三月份的天空總是潮濕有霧。

夏天，是多麼的性格善變。

身為春季的弟弟，擁有著總是被照顧被安排好的地位，難怪它一輩子也彷彿是活於孩提。沒有太多責任需背負，難怪總是看到它於岸邊與海水興波作浪，或是隱藏於蟬聲中與烈日玩捉迷藏，它貪玩好動，甚至任性得叫喚日照為它稍作延長。當連日月也聽它令，難怪小小的不滿便足以令夏季大發雷霆。暴雨、響雷、閃電、颱風……明知後果嚴重，但憤怒時的夏季就是自控不到，看著城市被自己摧毀得滿目瘡痍，平靜後的它又會自責眼淺，只因它的心內始終是那位善良的孩子。

秋天，是多麼的不被重視。

置身於冷與熱之間，加上全球暖化令氣候變得極端，彷彿秋季的存在總是得不到世人的理睬。論讚美，它的溫度不熱不冷，未可令人炎熱得到海邊消暑暢游，亦未可令人寒冷得到雪山滑雪奔馳；論批評，它的氣道不慍不火，未會帶來熱浪把平原化為人間地獄，亦未會帶來暴雪把色彩化為一片白茫。對，秋季和平亦中庸，卻又一直期待被世人器重。堅忍的秋季也會痛，難怪綠葉也被它的悲傷一夜染紅，孩子踐踏枯葉傳出清脆，誰曾照顧過這位中間人長年悲秋的心碎？

冬天，是多麼的獨厚得天。

這位壓軸出場的獨生子，由誕生一刻已注定給世人注視。坐擁著無人不歡的聖誕節、除舊迎新的除夕夜，還有存有希望的元旦日，彷彿冬季的存在就是要萬物為它期待。可是，長期被關注也是一種壓力，好比是一片雪白中丁點灰塵也會顯得分外著跡，它應該準時轉冷，它應該日短夜長，它應該於十一月前為富士山山頂蓋上雪……原來，越是活於大地的期望裡，越是不能夠活出自己心中的期許。這年的最冷一夜，萬物也依偎著彼此提溫取暖，卻只有冬季在寒夜裡呼天不應，颼颼的風聲埋藏著它最寂寞的心境。

四季有著各自的特性，原來看似無關痛癢的排名，一出生便注定影響著它們的個性，一輩子也撩動著它們的命。

沒有人問過四季所嚐過的掙扎，只因由誕生到命名也不是它們的選擇；春夏秋冬互相陪伴，但背後卻又暗中不滿，無他的，誰也會羨慕著一些自己得不到的東西啊，或許，春天會羨慕夏的光，夏天會嫉妒秋的乾，秋天會仰望冬的雪，冬天會景仰春的暖。

四季伴隨萬物一同成長，不知道一百年後的世界會是甚麼模樣？

或許，那時候的地球就只剩餘月份，不存四季，沒有人會再記起春回大地的奇妙，沒有人會提起冬暖夏涼的愜意，沒有人會說起落葉知秋的提示，沒有人會憶起天降初雪的詩意。

四季歌終會演奏完畢，不知道當季節彌留時，道別的一刻是滿載恨意還是謝意？不知道當四季消失時，它們會否憶起曾幾何時，它們也曾孕育過彼此，亦曾重視過這難以分離的情意結？

你今天對人的冷淡熱情，
或許是源於在家中的排名。
若可重選，
你會否選擇
和你的兄弟姊妹排行交換倒轉？

愛與恨的根源

把愛埋在泥土，盛放的本應是關於愛的美好，但多茁壯的巨樹也會有枯枝，多芬芳的花卉也會有殘葉。回想過去和父母相處的回憶，誰的畫面沒有充斥著悲喜交集的愛恨纏綿？當中有快樂與確幸，卻不乏厭惡、反感和憎恨。

對至親存有恨的人，內心的矛盾和自責總會不斷重溫。今天存有恨的果，誰會想到是來自當初滿載愛的因？

由小到大，我們也被約定俗成的觀念捆綁，令自己不敢誠實承認心底對愛對恨的知覺。聽說「天下無不是之父母」，所以任何不是也是因為自己的不好；聽說「養兒一百歲長憂九十九」，所以任何行為令父母擔憂，子女也是罪魁禍首；聽說「百行以孝為先」，所以任何決定也要以父母優先，有時候委屈自己也是在所難免。

世人道聽塗說，旁人以訛傳訛，若然此刻的你容許自己靜下來，把所有擠壓著你的觀念一一推開，當腦海自由了，你可以隨著意識流漂往過去了，到底，沿途有多少的愛是暗藏著恨，又有多少的恨其實是為了保護那脆弱的愛？

你愛父母給予你生命，感激他們捱過十個月的痛苦來換取你那震耳欲聾的叫喊聲；但同時你也恨他們沒有得到你的批准便把你誕下，哪怕未來的路可以自己計劃，但離開母體的第一抹呼吸卻從不是自己的選擇。

你恨父母照顧不妥當，令一道揮之不去的疤痕長留於你左邊額角，也令你那時幼嫩的皮膚擦損剝落；但同時，你也愛他們事發後立即替你急救療傷，用淚水和內疚作出補償。

你愛父母給你起居飲食，以溫水和床鋪贈你體溫，以母乳和飯餸送你養分；但同時，你也恨他們多年所準備的菜單一成不變，甚至往後為你所花費的心思也大不如前。

你恨父母逼迫你分離，還記得第一天上學於校門前哭得呼天搶地，那一次是你初嚐被拋棄的滋味；但同時，你也愛他們小別後的重逢，放學後準時於校門等待著你，原來短暫的分離不代表拋棄。

你愛父母關心你學業，他們給你資源去學習你需要駕馭的知識，務求你在未來的社會能穩佔一席；但同時，你也恨他們只會著重你的分數成績，卻從不會認可你過程中默默耕耘的努力。

你恨父母拿你作比較，在聚會當中叫你向某某親戚學習品行，在家裡又會間接對比引起兄弟姊妹間的鬥爭；但同時，你也愛他們激發起你的好勝心，今天能獨當一面也有賴當年的心有不甘。

你愛父母為你安排日常，大小事務也有他們作聯絡作決定，令你無須經歷複雜的程序也可坐享其成；但同時，你也恨他們甚麼也替你作主，無時無刻也給予你太多的關注。

你恨父母限制你的人生規劃，彷彿大半人生也在滿足他們的所願所求，甚至反駁一句也會難受內疚，難怪有血有肉也恍如木偶；但同時，你也愛他們為你減輕了很多選擇恐懼，要自己踏足未知之旅，或許早已被安排的路線會少一點顧慮。

你愛父母愛你所愛的人，還記得初次見面時父母也面帶笑容，父親刻意關注談吐，母親亦用撚手小菜展示好客之道；但同時，你也恨他們熱情過後的現實，職業家底住址也是衡量原因，要論嫁談婚，首先要累積夠足夠的積分。

還有……

你恨父母處理不好二人的婚姻，令你成為了他們的犧牲品；你愛父母總是把你放在最高位置，令你感到被器重被重視；你恨父母曾出手把你弄傷，令你的童年陰影仍不斷擴張；你愛父母在有限的資源下仍給你最好，令你在成長期間察覺不到現實的殘酷；你恨父母每天也對你情緒勒索，令你漸漸對自我失去知覺；你愛父母畢生為你付出，令你對他們的缺點多了一份體恤；你恨父母畢生為你付出，令你背負一條要償還一生的帳目。

花了一輩子的時間和父母認識，但這份愛恨交纏依然矛盾得著跡，難怪看著漸老的父母，要說聲「我恨你」會如此吞吐，要說句「我愛你」也會充滿難度。

常聽說「愛的反面便是很」，但其實我們也錯了，愛的反面其實是遺忘，當你忘記得一個人一乾二淨，你自然不會再介意他的所作所為，而他做甚麼事也不會再勾起你的愛恨情緒。因此，你會對父母又愛又恨，答案是因為你對他們依然著緊。

愛與恨其實無須極端，因為愛與恨根本可以並存。

全只是愛不一定最好，愛中帶恨亦不代表違反孝道，你是可以同時去愛和去恨一個人，願你接納自己和對方也有這種人的本質。

忘不了的，統統也是刻骨銘心的關係，把愛和恨一併埋在地底，生命樹的年輪記載著年月的更替，原來愛與恨同屬一體，**原來會愛會恨，才算是一家人**。

對家人存有恨意，
並無甚麼不可以。
但別只集中於關係的恨，
而忽略了愛與被愛的成分。
對於自己和家人的愛恨，
你願意接納嗎？
你願意原諒嗎？

| Chapter Two |

相恨相害

嚐愛

當你孤身隻影時，進食也不過是為了果腹，吃下甚麼其實也無關痛癢，但是，一旦當你成家了，「吃」便成為了重要的課題，因為食物代表的不止是三餐問題，還象徵了家人之間的連繫。

「嗨，吃了午飯沒有？」居住於 703 室的葉婆婆問。

「吃了。你呢葉婆婆？」我問，亦隨即站了起來。

「我也吃了，現在去買餸。」葉婆婆帶有滿足的說：「今晚女兒和女婿回來吃飯嘛。」

「嘩，那麼要弄九大簋了。」我笑說。

「別說笑，你以為煮這麼多不疲倦嗎？再說吧，不然遲一些便買不到烏雞煲湯了。」葉婆婆口說抱怨的離開，但神情卻依然是滿足的。

在這棟舊式公共屋村當了保安員也差不多二十年了，自己也不知不覺地滿頭白髮了，看著年老的繼續年老，後

生的逐漸搬走，我也不得不慨嘆，到底自己再老一點該怎麼辦？特別是當自己在每年冬天看到某某上了救護車後便再沒有回來，或是每年夏天嗅到某某單位傳出屍體的氣味時，那不想去想卻又不得不想的念頭便會自動浮現，那很想無視卻又難以壓抑的恐懼也是在所難免。

老去與死去，兩者也是恐懼，但兩者也終究要學會面對。

或許是因為大家也寂寞，因此這裡上了年紀的住戶們也很常會跟我寒暄生活，而我們打開話匣子的題目也總是離不開「食」。

「吃飯沒有？」「買餸嗎？」「今晚煲湯嗎？」當我留意多了，觀察多了，也漸漸能夠洞悉他們一舉一動背後所流露的心意。

當張太雙手也拿著餸菜時，定是張生完成公幹可以回家喝湯了；當黃婆婆出動手推車時，定是孫兒們回來做節了；當吳小朋友拿著飯盒回來時，定是父母又去了打麻雀而要他自己處理晚飯了……漸漸地，我留意到他們手中抽著一袋又一袋的不止是餸菜，而是期望、滿足、責任、失望、回憶、渴求、愛，亦可能是恨。

若可細心品嚐每家每戶的苦辣甜酸，定可嚐到每一家人的人情冷暖。

黃昏六時正，初冬的天空已提早被染上漆黑。

「我出發巡樓了。」我套上風褸，向同事說。

「辛苦了。」同事回覆。

升降機門一打開，34 樓的餸菜香已撲鼻而來。雖說公共屋村的環境不及私人屋苑般來得富麗堂皇，但相比之下，這裡卻多了一份人情味和鄰舍間的微暖，可能是因為很多單位也習慣把大門打開吧，即使鐵閘依然關上，但經過時仍可看到屋內的情況，更可聽到屋內傳出的對話。而每一次在這個時間巡邏，我也可以迎著飯香，偷窺一下各張飯桌上的互動，這也是我每天工作最感興趣的活動。

相信我，懂得觀察一家人怎樣吃飯，你大概能推測他們的關係是親暱還是冷淡。

3412 的飯桌，總是充斥著父母對兒子的挑剔。小測未如理想、數學科的進度仍未趕上、總是看著電話並不會有利成長……兒子聽後也只好一聲不響的照單全收，難怪他總是把飯菜匆忙吞下，再回到房間獨自承受。

2920 的飯桌，總是需要電視機的聲音作陪襯。還記得有一夜整棟大廈停電，當我經過這單位時，沒有了廣告和藝員的參與，那份鴉雀無聲更顯得桌上人的疏遠。電視的聲音為晚飯時間驅走靜局，也令貌合神離的家人避過任何眼神接觸。

2113 的飯桌，總是鋪滿最高難度的菜式，但妻子總是待到飯菜變涼了，才會看到丈夫工作回來後的倦容。妻子委屈卻從未抱怨，因為她大半生也沒有為過自己打算。今夜桌上的梅菜扣肉是濃是淡也得不到丈夫的關注，因為他在乎的只是那位令他遲了回家的秘書。

1702 的飯桌，總是充斥著一股無形的角力。母親總愛把雞髀夾給弟弟，父親也總愛把魚腩夾給弟弟，但當父母也不承認偏心是問題，「應該要成熟」一點的姊姊亦只好把不甘藏於心底。父母和弟弟三人的眉來眼去，姊姊一切也看在眼裡，她不怪弟弟這萬金之軀，卻不解為何有一種傳統叫作重男輕女。

1324 的飯桌，總有很多禁忌不可說出口。說說今天的菜心多少錢一斤好了，怎麼要扯到對政局的立場和紛擾？說說南北杏放進湯中的好處好了，怎麼要提起那位兄弟姊妹不孝與不肖？家和萬事興，但長期被噤聲的平靜又是一種怎樣的和平？

1004 的飯桌，總可看到桌下相輔相成的踢踏舞。嫲嫲容許孫兒吃飯時看平板電腦，父親的右腿便被太太踢了一下；新抱不容許兒子吃下嫲嫲特製的甜點，父親的左腿便被他母親踏了一下。踢踏踢踏，桌上是三代同枱的和睦，踢踏踢踏，桌下卻是勾心鬥角的舞蹈。

0612 的飯桌，總是傳出注滿內疚的飯香。父親工作繁忙，桌上出現的要不就是重複了數百次的蒸水蛋，要不就

是街市外賣的三餸飯。兒子不願把飯盒吃光，卻哭著憶述母親的廚藝難以淡忘，父親始終未能接受自己因桃色惹的禍，便老羞成怒地給了兒子一記耳光。

0128 的飯桌，總是充斥濃濃的儀式感。這麼多年來，年老的丈夫也是負責準備晚餐，當白飯煮透了，當鱠魚蒸熟了，當碗碟筷子也成雙成對地擺放好了，便是時候準時開飯了。丈夫對著空凳微笑，熱淚亦隨即落掉，這份對亡妻的思念，大概餘生怎吃怎喝也是消化不了。

我在一樓樓梯口的感應處掃描了一下，心中亦不禁慨嘆，**大概每道門背後也有一個難以言喻的故事，原來一家人能夠心平氣和的同枱吃飯是這麼的不容易。**

把制服脫下，把保安員的身分卸下，我也不過是個人，寒風吹襲時也會感到寒冷。回到家中，我把飯盒放在桌上，再走到窗前點燃了一根香煙，我看著萬家燈火吸氣，想著每家每戶關上門後的誰是誰非；我看著火光煙圈呼氣，想起了看著亡妻火化時的自己，亦想起了子女迫不得已登上的那班客機。我把煙蒂拋進窗邊的鐵罐內，往事從未如煙，只因對家人最難說的對白就是再見。

翌日回到工作的大廈，桌上留了一張字條，是同事昨夜留給我的，內容大概是，昨晚凌晨三點有救護車前來把住客送往醫院，而那位住客，正是 703 室的葉婆婆。

嗯，這個冬天彷彿特別寒冷，不知道葉婆婆何時會再回來，也不知道若然她的子女孫兒再沒有雞湯喝，明年冬季應該如何抵禦無情的寒夜？

想深一層，原來，我也很久沒有喝過住家湯了。

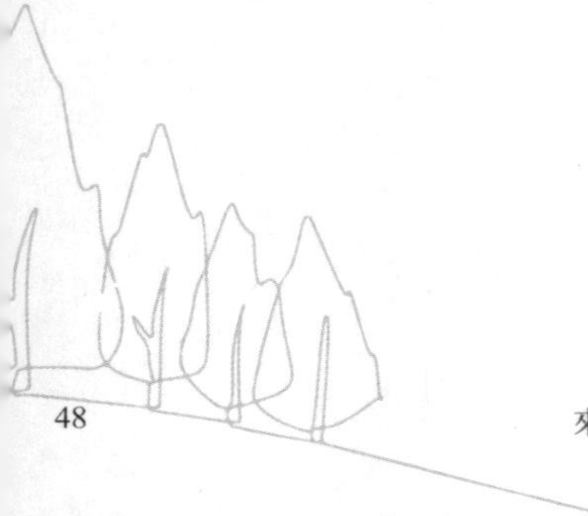

你和家人吃飯時的互動
是怎樣的？
你坐到飯桌上時的情緒
會和平時不一樣嗎？
還有，你最懷念的
是誰煮給你吃的哪一道菜？

教我如何不恨他

恨一個人，是多麼辛苦的一件事；特別是當你痛恨一個不應該痛恨的人，那份痛苦更是煎熬餘生。

「大家吃飯。」母親把三碗白飯放下來說。

「大家吃飯。」我說。

「又是吃這些嗎？」父親看著桌上的菜式，不滿地說：「你不懂煮其他的嗎？」

「嗯⋯⋯我見這些菜式有營養嘛。」母親帶點不知所措地回應：「我明天煮一些新菜式吧。吃飯吧，吃飯吧。」

父親不屑地瞄一眼母親，再用筷子翻弄著眼前的番茄炒蛋，勉為其難地夾了一些到碗中。席間只有零碎的碗碟碰撞聲，還有一份讓人窒息的沉默。

「嗨。」父親看著我說：「你今次考試排名第幾？」

我聽後先看一看母親，再看著父親沒有答話。

「哈，這次考試兒子的表現進步了不少。」母親急著回答：「很多同學不懂回答的……」

「排名第幾？」父親打斷了母親的話說：「這條問題有這麼難明白嗎？」

「不是，只是若然只看排名……」母親繼續替我辯護說。

「我正在問他，不是問你。」父親再一次打斷母親的話，再放下筷子，定睛看著我說：「我再問最後一次，排名第幾？」

「……十四。」我低著頭，輕聲的說。

「甚麼？聽不到。看著我大聲說一次。」父親說，但我知道他是聽得到的。

我緩緩的抬起頭，看著父親，雙眼不期然泛紅地說：「十四。」

父親先是笑了一口，再漸漸收起了笑容，直視著我說：「垃圾。」

「又不要這樣說……」母親嘗試替我解圍說：「這次考試老師也說試題比較深……」

「試題深又如何？那麼其他同學怎麼會做到？」父親提起了聲線說：「第一至十三名的同學呢？為何他們會做到？而你做不到？答我！」

「可能……是因為兒子考試當日有些緊張才失準吧，更何況……」母親也放下了碗筷，焦急的解釋著。

「我再說一次！」父親目露凶光的說：「我是在問他，不是在問你，你住口！」然後，再指向我說：「答！為何別人做到，而你做不到？」

我沒有回答甚麼，只是雙眼通紅看著父親不發一語。

「不懂回答嗎？」父親不屑的冷笑了一聲，再看著我說：「那麼我替你回答。因為你蠢，因為你懶，因為你總是跟著那班沒出色的同學，還有，因為你常常只顧上網看那些愚蠢的動漫。」

「你……你……」我帶點不悅的說：「你又翻查我的上網記錄……」

「是又如何？」父親理直氣壯的說：「甚至你的日記，你的櫃桶，你的書包我也有翻查過，怎樣？你吃我的，穿

我的，用我的這麼多年，不要跟我說甚麼私隱，我是你的父親，我要看甚麼也可以！」

我的呼吸開始急速，而手心亦不期然的震動，心中有很多憤慨，但嘴巴卻懦弱得難以張開。

「怎樣？你看你現在的樣子。很委屈啊？很想哭啊？哭出來呀！讓我看看堂堂一個男孩如何哭吧！」父親譏笑著說，再把桌上早已涼透了的餸菜夾進碗中，唸唸有詞的說：「我跟你說，感到委屈便自己搬走，沒有人挽留你的。我的家裡，不需要更多的垃圾。」

我壓抑著心中的所有情緒離開飯桌，臨進房門前，再隱約聽到父親向母親說：「明天的菜式無須顧慮甚麼營養了，你看，他吃了這麼多仍是這個樣子，哈哈。」

房門關上，在沒有燈的黑房內，我終於可以不吞吐的大哭一場。我的整趟成長，母親的軟弱和父親的霸凌此消彼長，當然，還未提及我面頰和大髀上的舊患新傷。

「所以，這位弟兄。」領著小組的男組長把身軀靠前，看著我說：「你還有憎恨你的父親嗎？」

我從回憶中回到團契內，看著男組長的雙眼猶豫了一會兒，再誠實的回答：「有……我還會憎恨他。」

圍著圈的其他組員聽後，立即收緊了眉頭，不由自主地發出了詫異和惋惜的感嘆。

「但是，都過了這麼多年了，」在我身旁的女組員說：「或許，也是時候放下吧。」

「對，雖然我們第一次見面，但是……」坐在對面的男組員帶有憐憫的說：「但是，你也無必要這樣懲罰自己呀。」

「真的，仇恨不過是撒但的圈套，」那位男組員旁邊的女士說：「畢竟，他也是你的父親吧。而且，他也把你養大成人，可能是你只關注他的不好，忽略了他的付出吧。」

「我……這些其實我也明白……只是……」我不感舒服的說，內心開始浮現出一股微熱：「只是他對我的傷害真是很深，甚至他對我的母親也是惡言相向，我……我不知道應該如何放下，如何自處。」

「那些早已過去了，何必深究和執著？」另一位上了年紀的男士說：「我也是做父親的，當中所承受的壓力也如牛負重，相信，你的父親已盡了力把你栽培和照顧好，若然他知道你對他心內存有恨意，他定必會很心痛。」

「十誡第五條，正正是孝敬父母。」女士附和著說：「若然你能借助主的智慧，懂得從父親角度去想一想，相信，你並不會如此往死胡同轉進去，一直不放過自己。」

「你需要寬恕。」坐在我旁邊的女組員拍一拍我的肩膊，再看著圈內其他組員說：「我們借他一點力量，去寬恕，去原諒，去諒解他的爸爸吧。」

「對，仁慈的天父是慈悲的，祂教懂我們寬恕和原諒。」男組長對著我帶笑的說：「這位弟兄，你願意跟隨上帝的美德，放下對父親的仇恨，再去寬恕那位把你養育成人、供書教學的父親嗎？」我看著圓圈內每一位組員也定睛看著我，一邊點頭，一邊報以微笑，彷彿在期待著我說出那唯一的答案。

「嗯。」我淡淡的說：「我願意……寬恕我的父親。」

說罷，男組長帶點激動的鼓掌，其他組員也紛紛向我給予讚許，甚至，有些組員感動得流下淚，彷彿他們剛從撒但身旁拯救了一位不懂感恩和不懂知足的迷途羔羊。

接下來的晚上，詩歌和講道此起彼落，眾人樂在其中，卻只有我難以動容，大概是因為我的心早已在分組環節時被七嘴八舌趕得悄悄離開。這令我想起了曾經聽過的一句話：「**令人離開教會的從來不是神，而是人。**」

全能的上帝，我也想和祢更親近，我也想放下對父親的仇恨，但我始終找不到寬恕的原因。

慈悲的上帝，今天我在祢的聖殿裡道出身世，但祢的門徒卻視我為魔鬼，我為了找下台階而撒了一個謊，但心裡卻是萬般不解。就是因為他是我的父親，我便要被虧待也要笑著啞忍？就是因為他是我的父親，我便要承受數十年的後遺也不可記恨？

親愛的上帝，若我的禱告在祢心中仍佔有一席位，願祢賜我智慧把過去放下，願祢賜我寬容把痛楚淡化，願祢教我如何不恨他。

面對他人的遭遇，
或許我們會有不認同的部分，
但至少可以包容
對方難以磨滅的憂恨。
不如，嘗試找一個不會批評你的人，
好好道出長埋心中對某君的怨恨？

原諒自己不原諒

不去原諒，是否只是因為被害得太傷？
未能放下，是否因為經歷過的依然牽掛？
難以釋懷，是否就一定代表內心不夠強大？
到底，未能把往事放低，是否真的是當事人的問題？

有些詞彙說出來動聽，但做起來卻是知易行難，好比是慈悲為懷的「原諒」，前事不提的「放下」，以及豁然舒坦的「釋懷」……彷彿耿耿於懷便是失態，甚至會被嘲笑幼稚如小孩。但其實，刻意的原諒會否令內心更傷？而不去原諒，又有甚麼罪名值得背上？

被玩弄得長期受騙，說原諒不過是自我瞞騙。

活於謊言中的人，寧可一世受騙，也不要在中途被弄醒，以免把事實看清，推翻過往全心相信過的人性。那些甜蜜是假的，那些親密是虛構的，甚至那些似有還無也是如海市蜃樓的……此時此刻，只有被掏空的心是真的。

被折磨得遍體鱗傷，那段創傷後遺未免太長。

受傷是一下子的事，但療傷卻是一輩子的事。行兇者的身分由貴賓淪為過客，兇器是最高明而又不帶痕跡的情感玩弄，他逃之夭夭了，你卻流血不止了。數年後的傷口還未好，你說要原諒對方難以做到，旁人卻笑說你的自困是種糊塗。

被對待得落淚生氣，某些片段怎可輕易忘記？

有些集體回憶叫作痛楚，曾一起聲淚俱下，曾一起徹夜難眠，曾一起互相扶持⋯⋯當難過是一起經歷，那種深刻又怎可能銷聲匿跡？把某些片段記下或許會帶來痛悲，但選擇不忘記，至少能夠對得起自己。

關於原諒與否，世人隔岸的批評也未免過於苛刻。

「都過了這麼久，算了吧！」

時間久了就能夠風化事情的嚴重性嗎？時光流逝就能夠淡化傷口的復發性嗎？不會，只因不是所有東西也能夠不了了之，特別是關乎原則和價值觀的底線。時間不一定能夠沖淡一切，因為未解決的問題始終是問題。

「你別這麼小氣，算了吧！」

不知由何時開始，原諒不追究才顯得大氣，反而追討不妥協便會被人叫作小氣。就是因為對方厚顏無恥，受傷的人便要裝作若無其事，心不情願地默許這種本末倒置？或許有人會認為這種據理力爭是無謂，但至少可以把尊嚴捍衛。

「這麼小的事情，算了吧！」

感受的大小有誰有量尺可以評論衡量？偶像彌留寵物離世家人逝去，請問當中的難過應怎樣排列次序？失業失戀失眠失竊，請問哪一種才有資格獲得安慰重視？若然你的答案是無從判斷，這就代表情緒根本不應被量度計算。

很抱歉，某些勸喻他人原諒的說話說來動聽，但真的是難以啟齒，只因對當事人而言，那些痛楚，那些恐懼，那些夢魘，那些煎熬……也可能是一幕幕真切確實的經歷，甚至是一些永不磨滅，每次閉上眼也會自動重播的驚慄畫面。

未踏足過天寒地凍的赤地，誰可準確描述那寒刺入骨的滋味？

未嘗試過刻骨銘心的痛楚，誰有資格定義別人的記恨是過錯？

就是因為我們也難以完全看到他人所看到的世界，未經理解便催促對方釋懷，其實是間接對別人的傷痛一沉百踩。

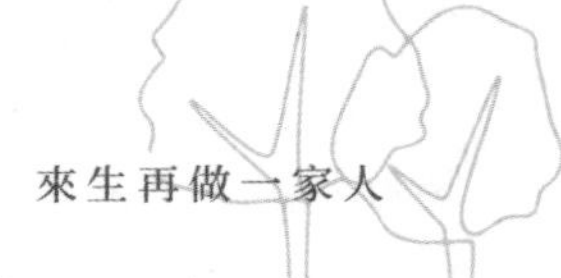

或許每人也有一些到今天也放不下的偏執，你有，我也有；當人人相似，當痛楚相近，你說，不去原諒傷害自己的人其實有多過分？

有時候未懂得去原諒，甚至選擇不去原諒，其實也沒有所謂錯與不錯。

親愛的，願你原諒，那個不想去原諒的自己。

來到此時此刻的你，
心中可以原諒的人有誰？
心中未能原諒的人有誰？
原諒不原諒也是允許的，
最重要是不讓未來的自己後悔。

十月懷恨

十月懷胎，是世人歌頌的一種愛；世上只有媽媽好，但有些秘密寧願孩子永不知道。

「可以開飯了。」我把剛剛蒸好的鱸魚放在餐桌上說：「老爺，奶奶，嚐一嚐我的手勢吧。」

「不用嚐，一看便知道不錯了。」老爺說。

「對啊，還記得你們剛結婚時，你連炒菜也不懂。」奶奶滿意的說：「現在總算是入得廚房出得廳堂了。」

「媽，真的！」丈夫一邊把蓋著其他飯菜的蓋子拿起，一邊說：「她現在的廚藝真是今非昔比，進步了很多了！」

「嘩！是瑞士雞翼！」兒子興奮地說。

「對，是你最喜歡的瑞士雞翼，多吃一點吧！」我緩緩的坐下說：「大家吃飯，慢慢吃。」

十二月的晚上，窗外是季後的冷風，窗內卻是四季恆常的溫暖。檀木的餐桌，歐陸的壁花，精緻的茶几，雲石的地板……這大概是我由十七歲開始便一直嚮往擁有的居所。那時的我還未懂「折舊」這個概念，直到牆紙會因濕度而發霉，地板會隨踐踏而暗啞，我才明白嚮往的東西總是最美好的，但現實就是由改變和妥協交織而成的。八年前的情人節，驗孕棒上的兩條線改寫了我的生命線，那個晚上我和丈夫也哭了，他更感動得立即致電他的父母報喜，幸好兒子當時沒有小氣，我亦順理成章於十個月後開始參演「好母親」的這場戲。

沒錯，我的下半人生恍如劇場，只因生兒育女從不是自己心中所想。

由二人世界到步進教堂，婚姻的誓詞中從未提及過要開枝散葉，甚至我和丈夫當時也沒有傳宗接代的打算，但隨著身邊人的不斷提醒，周遭人的不斷勸諫，原來被道聽塗說得多真的會連心中的信念也被動搖，甚至在最脆弱的一刻屈服折腰。

陳某說，有了子女人生才算完整，彷彿沒有子女的人生便破碎得不似人形；

李某說，有仔趁嫩生，彷彿用青春的倒數恐嚇你歲月一去不返，錯過了便恨錯難返；

張某說，四大長老恨抱孫，彷彿拒絕了便會褫奪了他們的喜悅，即使明知被苛索也要笑得心甘情願；

王某說，養兒防老也是一種投資，彷彿子女定必充斥孝義，更遑論把如此沉重的負擔賦予又是否一種自私？

何某說，出生率下降是新時代危機，彷彿拯救世界的責任也要背起，成全世界而委屈自己是種怎樣的歪理？

世人總愛以訛傳訛，把一些耳語相傳的「道理」不斷散播，但當中的意思又有誰認真思考過？

要怪便怪當時的自己不夠定力，最終還是不敵以一敵百的局勢，不情願卻不反抗的卸下防堤，允許洶湧的浪潮衝擊身體，不消一季，我和丈夫已在客廳相擁流涕。

對，那一夜我和他也擁著流淚，但沒人知道我倆的淚水，其實承載著不同的情緒。那一刻開始，我彷彿覺得自己的生命不再是屬於自己的。

我的身軀不再是我自己的，腹部不斷膨脹，連同四肢也因水腫而變得肥腫難分，揮之不去的妊娠紋如紅筆般圈出令我緊緻不再的元兇，奈何有些委屈卻不可向嬰兒提告。

我的喜惡不再是我自己的，多年飄逸的長髮被迫剪短，愛吃愛喝的也統統變成違禁品，甚至愛穿的高跟鞋也要無

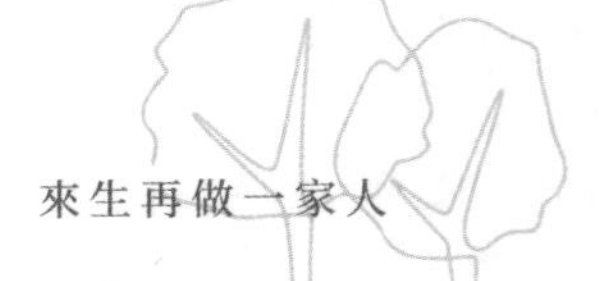

奈放棄。難怪無法站高的視線令我看不見將來，不合尺寸的鞋子令我踏不進前路。

我的神經不再是我自己的，身體要承受的痛楚遠超預期，懷孕期的腰疫背痛、生產期的切膚之痛、恢復期的隱隱作痛，還有餘生的骨質疏鬆……若然要背負痛楚才可受世人膜拜，我寧可不痛不癢也不用如此偉大。

我的時間不再是我自己的，當家中多了新成員，彷彿任何事情也要先給他作打算。沒有了規律的作息時間，沒有了消遣的社交時間，更沒有了嚮往的二人和一人時間。當廿四小時也為他人而忙，未來還有甚麼值得期望？

甚至，我的丈夫也不再是我自己的，當初早午晚上也嚷著自己想當父親，但夢想成真後卻從未背負當父親的責任，總是以工作為理由，把照顧兒子的負擔捆綁在我日漸粗糙的雙手。我明白養活孩子需要龐大的支出，但教育孩子卻需要父母們雙方的付出。

「失陪一下，我需要去一去洗手間。」我抹一抹嘴，在我從飯桌離座再路經客廳的一瞬，我發現檀木的餐桌被鋪上奶奶帶來的劣質枱墊、歐陸的壁花被兒子畫上彩色的塗鴉、精緻的茶几放滿了假期後要繳交的習作和家長回條、雲石的地板覆蓋著丈夫不肯丟棄的雜物和鞋盒……我彷彿再看不到這個地方還有甚麼是真正屬於我的，那年十七的夢想，來到今天已變成一場噩夢。我看著浴室鏡子，卡通的貼紙剛好遮蓋了我雙眼的位置，我狠狠的把它撕掉，痛恨著當年為著別人而心軟，痛恨著今天的自己受盡委屈也不懂抱怨。

從浴室走回客廳，看到的是他們拿著蛋糕的畫面，聽到的是他們合唱生日歌的旋律。

「祝你生日快樂，祝你生日快樂！」丈夫興奮的唱，再把我拉到飯桌中央的位置。

「家嫂，生日快樂！」老爺溫暖的說，奶奶再把利是送給我。

「媽媽，祝你生日快樂！」兒子坐在我的身旁，再把一幅畫作遞給我說：「這是我在美術課畫給你的生日禮物。」

我微笑接過禮物，再在他的額上親吻作道謝。

「許願吧！」丈夫說。

「嗯，謝謝大家。」我靦腆的看著大家說，再雙手合十許下生日願望：「希望……希望未來大家會繼續陪伴彼

此在一起。」把燭光吹熄，又大了一歲，彷彿和十七歲的自己又多了一點距離。

其實沒有人對我不好，只是自己因別人而選了這樣的路。

抱歉啊兒子，外表慈祥的母親，原來暗裡埋藏了鮮為人知的秘密，刻意把生日願望說給眾人聽，只因為我知道說了出口的願望從來也不會靈。

為人父母的你，
有多久沒有卸下過「父母」的身分，
重拾「子女」的純粹，
重拾「戀人」的親密？
成家了也可撒嬌，
結婚了也要拍拖，
只因每個人的身分也多於一個。

乖的代價

若然當一位乖孩子便注定要承受更多，那麼我寧可反叛闖禍，也不願大半生也要因服從之名而受盡折磨。

自有記憶以來，父母也不是看著我的。他們的注目總是落於那大我四歲的姊姊身上，可笑的是，姊姊的眼光又總是放於屋外的世界，彷彿從未理睬過父母給她的關懷。如是者，我看著父母，父母看著姊姊，姊姊看著遠方，一家四口有著各自的所求所欲，卻從未有過平等的眼神接觸，難怪沒有人在意過我心裡的委曲，亦沒有人留意過我眼內的洶湧。

在到達開始思考「我是誰」的年紀之前，自身的個性大概也是由身邊人給予定義的。我和姊姊兩姊妹的性格南轅北轍，除了姓氏和性別以外彷彿已找不到我和她的共通點。她好動，我文靜；她外向，我內斂；她每事愛問，我事事服從；她口齒伶俐，我沉默寡言……這些也是於生活日常中從父母口中所聽到的關鍵詞，但隨著急於替我們兩姊妹定義性格的人越來越多，好比是親屬、老師，甚至是社工，那些關鍵詞的詞鋒已再沒有如父母口中所說出的溫和及正面，相反，我接收到的訊息是，她反叛，我乖巧；她頑皮，我乖巧；她愛惹麻煩，我乖巧；她放縱不羈，我始終乖巧。

或許是因為有了比較，我站在姊姊身旁總可成為一位乖孩子；但也是因為有了比較，我站在姊姊身旁更感到父母對我的忽視。

自此，「乖孩子」這個代名詞，成為了我心房內揮之不去的一根刺。

那年她六歲，我兩歲。

發生過甚麼事我當然沒有印象，這段往事也是隔壁陳太數年後再和我分享的。她說那時姊姊剛上小一，每天也大吵大鬧不願上課，父母每每半哄半推的把她帶回校園。而我，總是寄人籬下的被陳太暫管，她說我乖，每次從父母手中抱過來時也從不會如姊姊般吵鬧失態。

那年她十歲，我六歲。

終於到我升上小一，但父母卻每天為著姊姊的學業和品行而心煩意亂，還記得那時的班主任說我比同齡的同學更成熟，更能適應小學的新環境，那時的我不以為意，長大後才明白這是被迫成長的生存方式。

那年她十二歲，我八歲。

三年級的我拿著滿分的英文小測回家，我興奮的遞給母親，只因她承諾過我若然小測成績理想，會送我一個新書包作獎勵，怎料，她跟我說姊姊的呈分試失利，若然現在買新書包給我或會惹她不滿，「妹妹乖，我知道你很懂事的。」翌日，我背著姊姊的舊書包上課，再回到家，我看到父親買了一個新書包送給姊姊以作安慰。

那年她十六歲，我十二歲。

姊姊多了和校外的朋友聯誼，終日玩物喪志，更令會考的成績只有單位數字。父母不但沒有責怪她，更是害怕她會終日流連街頭不回家，他們竟然遊說我晚上暫住於客廳，把整間睡房讓給姊姊，從而令她有更多私人空間。中二的我總是在學校悶悶不樂，老師問我是否有同學欺凌我，我笑說沒有，但心裡卻感嘆原來在家中被父母欺凌的感覺更是難受。

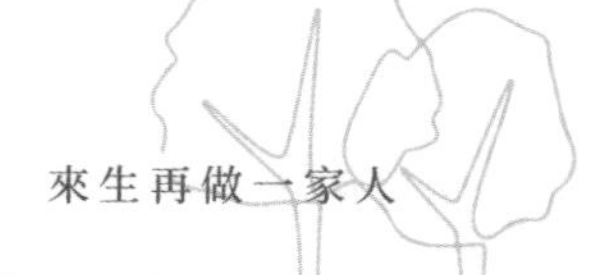

那年她廿一歲，我十七歲。

默默耕耘了七年，我總算於高考取得佳績，能夠入讀心儀的大學。那時候我和姊姊的關係已開始疏遠，甚至我已不知道她換了多少位男友和多少份工作。放榜那天碰巧姊姊再一次失業，父母煞有介事的致電我說已取消了當晚的飯局，說不想因為我的好成績刺激到姊姊的情緒。收線時母親說我懂事，我心想自己又憑甚麼介意？

那年她廿四歲，我廿歲。

我穿著畢業袍於校園內站了半天，但始終看不到父母和姊姊的蹤影，後來才得悉原來前一晚姊姊又喝醉了在酒吧鬧事，父母整天也為她的狀況而頻撲。回到家，我看著姊姊的傷痕纍纍，口中卻說不出任何安慰字句，**不是所有傷口也要見血才值得被關注，只因生命中最大的傷痛總是存在於不為人知的內心深處。**

今年她卅四歲，我卅歲。

或許當一個人反叛夠了，便真的會開始修心養性，姊姊總算找到了穩定的男友和工作，儘管家裡的開支和父母的家用也是由我負責，但她現在能照顧好自己已算萬幸。這一晚碰巧是父母結婚四十週年紀念，我已忘記了我們四人有多久沒有這樣坐下來，和平冷靜的吃一頓飯。能夠一家人和平的吃一頓飯，對於某些家庭來說絕非平凡。

晚餐的尾聲，我簽帳後便把放於椅下的禮物送給父母，而姊姊亦罕有地把收於袋中的利是封送給兩老。父母接過我們的心意後熱淚盈眶，淚水亦帶點苦盡甘來，他們感動的說：「慶幸我們有如此乖巧的女兒。」那一刻看似溫馨，但我的內心卻如赤地般撕裂，只因父母說出這句話時，眼神只看著姊姊，彷彿對坐在旁邊的我毫不在意。

到底，這是甚麼意思？

三十年來，製造麻煩的人是她，循規蹈矩的人是我，現在她稍為回復正軌，她便值得擁有所有的讚美和鼓勵？三十年來，浪費資源的人是她，供養父母的人是我，現在她給予丁點回禮，她過去所有的污點便可前事不計？

對，你便當我是小氣，但若然三十年來當個乖孩子卻只會被家人忽略剝削，委屈不可聲張，服從不獲褒獎，或許，你也會對我此刻的心有不甘寄予半點體諒。

同一件事做好一百次，但半次失利便會惹起眾人熱議；同一件事偶爾做一次，結果好與壞也會榮獲萬人致意。

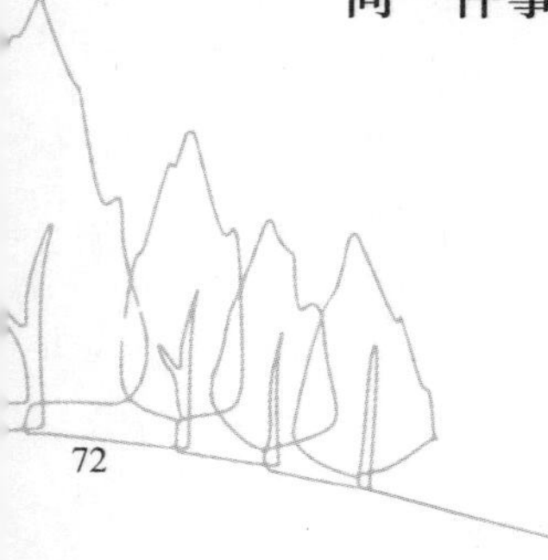

我明白做父母總會有偏私，但當這份偏心明顯如此，試問哪位子女可以寬宏得不當一回事？若然反叛可以獲得更多重視，吞聲忍氣的服從還有甚麼意思？

我把信用卡收妥，再看著他們三人四目交投的感動，方發現由始至終，父母的眼神也不是落在我的身上。

我不滿但不可介意，因為姊姊也是他們的女兒；
我想哭但不可表示，因為我始終是這個家的乖女兒。

擁有兄弟姊妹的人，
會曾經感到父母對你們偏心嗎？
若可抽離一點去想，
過去的自己有否只着重自己所缺的，
而忽略了自己也有被偏袒的時刻？

為你難過為你好

時間無情但有理的向前，有人會長大，有人會變老。長大的人不願看到變老的人變老，但變老的人大概也不願接受長大的人長大。

窗外是一片的翠綠，室內是初春不冷亦不熱的恰當溫度，威爾頓太太倚在窗邊深呼吸一口氣，於體內流動的是不存污染的一抹心曠。在這個與世無爭的小鎮裡，人們和大自然和諧共存，每一個家庭也用著自己的方式鑽研園藝，孕育樹苗，再在合適的時份把幼苗移植至山坡，如今遍山也是不同層次的綠，全賴於一代傳一代的培育。

叢林從不是十年八載便可形成的，好比園藝的智慧，也是需要透過年月累積才可收放自如。

威爾頓太太調味好杯中帶有肉桂香的鮮奶後，便戴上手套，從客廳走到廚房準備今天的園藝工作。每一個住戶也會有他們獨有的伎倆，威爾頓太太也不例外，她所種植

的香料和漿果也是鎮內數一數二的優秀，而每一個城鎮也會有當中被討論的對象，威爾頓太太便是這人選。無他的，比起任何一個住戶，威爾頓太太的家從來未試過把樹苗移植到山坡，變相也從未為這個市鎮貢獻過丁點的清新。威爾頓太太當然知道別人在背後如何數算她，但她總是不以為意，適時把剛弄好的果醬和藍莓鬆餅放於鄰舍的門前，算是以甜蜜堵住了婦人們的毒舌。

當每一個人也為自己的觀念引以為傲，彷彿與人不同便會墮進大眾的圈套，繼而令多好的人也不夠好。活著的生存之道，大概便是裝啞扮聾的詐聽不到。

給月桂葉澆了水，給覆盆子換了泥，再給迷迭香除了蟲⋯⋯威爾頓太太便把這陣子的最愛小心翼翼地捧到木桌上，眼神猶如信徒般仰望眼前這一棵生長得茁壯的樹苗，一棵她夢寐以求，關乎她在這個城鎮未來一切榮與辱的樹苗。

在群眾壓力下，說多不在意也是假，威爾頓太太此刻的期盼，便是這棵樹苗可茁壯發芽，再順利移植到山坡，生長成為一棵舉世無雙的大樹。

植物要健康成長，第一樣不可或缺的元素是土壤。

不同種類的樹苗當然需要不同種類的泥土，但威爾頓太太從來也沒有理會，她只是把她認為是最好的泥土從市場裡買下，不管樹苗是否需要，她也堅持每天為它更換泥土，害怕會有害蟲或霉菌打擾它發展和成熟。每天更換泥土，鎮內的婦人也會暗諷威爾頓太太苦吃自討，但她總是一笑帶過再看著樹苗默唸「我只是為你好」。

樹苗在泥土生根，嫩葉便向著陽光尋求養分。

威爾頓太太的房子總是密不透光，除了是擺放植物的廚房位置。有時候，植物的求生智慧比人類還要高，陽光過分充裕便會於葉面形成蠟質表層反射日照；陽光不足，便會把莖向著光源生得更高。當威爾頓太太留意到樹苗有朝著窗戶向外生長的趨勢，她便二話不說把窗簾降下拉低，以免它接觸到窗外那充斥危機的世界。外面的世界有樹有木有花有草，惟有斷絕光源才可把樹苗留在自己的懷抱。

不管植物還是人，要生存便需要充裕的水分。

常說女人是水做，這一點總可在威爾頓太太身上領悟得到。她常常會難過，更準確一點，她常常會替他人難過，哪怕事情對他人來說根本不算是甚麼。她有時會唏噓樹苗

被害蟲影響成長，但對日漸成熟的樹苗來說根本不痛不癢；她有時會感嘆樹苗的葉會脫落至泥濘裡，但對生生不息的樹苗來說這不過是成長的自然程序。對，威爾頓太太總是善於為他人難過為他人淚垂，淚水取代清水灌溉於泥土裡，難怪樹苗後期的枝葉總是瘦削得搖搖欲墜。

除了大自然的基本元素，肥料的使用也是植物成長的重要因素。

市鎮內的人總會同心協力製作有機堆肥，市長家裡那寵物馬匹的排泄物、婦人們於感恩節製作胡桃派後的蛋殼和南瓜皮、於工廠區沒有經濟效益的動物毛髮與殘渣……統統也可經過處理再成為令植物生長的肥料。有趣的是，威爾頓太太從不會領取這些資源，因為她知道肥料會令樹苗快速長大，那麼便會加快它離開她可掌控的世界。

把最後一口鮮奶喝光，威爾頓太太一臉自豪的看著眼前的樹苗，她最心愛的一棵樹苗。她十分滿意自己一直為它的犧牲和付出，每每也為它難過為它好，事事也為它決定為它做，從沒有問過對方需要甚麼，卻深信「我為你好」便實不為過。

成長需要空氣流通，有時候關係過於擠擁，懷著好意的栽花者也會成為勒索成長的元兇。

「媽，我能外出到市政廣場和同學踢毽嗎？」孩子從房間走到廚房問。

威爾頓太太看一看窗外的風和日麗，再感受著迎面的一抹春風說：「不好了，今天有風，或許會著涼的。」

「但是……」孩子苦苦哀求的說：「但是春風和暖，應該不會……」

「孩子。」威爾頓太太閉上眼說：「你不會想令媽媽擔心，對吧？」

「……不會。」孩子低下頭說。

「乖孩子。」威爾頓太太走到孩子的面前，蹲下來看著他的雙眼說：「**你要知道我是多麼的為你好。**」

當這年的春季悄悄完結，鎮內的人繼續悄悄私語，威爾頓太太也迫於無奈地把樹苗移植到山坡為這個市鎮的清新出一分力。渡過秋天，跨過嚴冬，明年的春分遍山翠綠，唯獨是威爾頓太太的樹苗成為了萬綠叢中最瘦弱的一棵樹。碰巧這年的野花開得猖狂，花粉隨風飄進每家每戶，威爾頓太太的兒子被花粉刺激導致呼吸困難，亦不幸地於同年的盛夏與世長辭，被埋葬於那棵最瘦削的大樹之下。

威爾頓太太拿著鮮花向著樹兒鞠躬，淚水滴在泥土，滲進遺體，再被根部提取，彷彿這份難過會隨著逝去與生長循環不滅，成為威爾頓太太餘生也解不開的死結。

真難過，畢生也為著他人難過的威爾頓太太，如今真的難過了，卻得不到鎮內的人為她獻上難過。

人生其實無須太多「我為你好」，
過分踐踏他人的界線，
其實只會阻礙對方的發展。
你的界線清晰嗎？
你身邊有誰常常跨越你的界線？
還有，你有否總是容許他人
踐踏你的界線？

血痕的真兇

有人的地方，便會有欺凌的慘況。常說校園是社會的縮影，但當不公義的問題始終難以除清，到底是管治者管理不力，還是被欺壓的人不敢揚聲？

「老師，你自己看。」楊太把她兒子的教科書翻開放在我的工作桌上，語氣不甚友善的說。

我認真的翻揭著眼前的教科書，每一頁也被畫花上一道又一道的深紅色箱頭筆筆痕。

「老師，我也明白你要兼顧四十名學生絕非容易。」楊生翹著雙手，神色凝重的說：「但身為柏林的班主任和學校的訓導處老師，相信，你也責無旁貸吧。」

「當然，我也十分抱歉。」我誠懇的向兩位家長道歉，而坐在他們中間的柏林，只是低著頭，一聲不響的啜泣。

「抱歉又有甚麼作用？抱歉可以找出元兇嗎？抱歉可以補償我兒子的創傷嗎？」楊太勃然大怒的說：「貴校不

是有甚麼『防止欺凌專責小組』的嗎？他們做了些甚麼？現在有學生被嚴重欺凌，有可能造成永久的心理陰影，請問專責小組在哪裡？他們的專業在哪裡？他們的責任在哪裡？」

「明白家長這一刻當然會感到十分憤怒，但是，但是……」我帶點惶恐不安的解釋道：「但是我們需要多點時間去弄清楚事情的來龍去脈，才可作出進一步的行動。」

「有甚麼需要弄清楚？現在的情況很明顯，就是我的兒子在貴校被其他同學欺凌，而你們越遲一步行動，便越難找到元兇。」楊生提高了聲線，言之鑿鑿的說：「下一步行動還有甚麼好討論？就審問其他同學，一個一個問，不然便逐一搜書包，這種紅色箭頭筆相信不是常見的文具，屆時誰的筆袋有這款筆，誰便是欺凌我兒子的人。」

「明白的，我和其他老師商量一下便會迅速行動。」我把視線放到柏林身上，打算了解一下他現在的情況：「柏林，若然老師現在問你一些問題，你可以回答老師嗎？」

柏林先是沉默了一會兒，再緩緩的抬起頭，依傍著身旁的楊太再雙眼通紅的和我點一點頭。

「嗯，柏林要知道這裡是一個安全的地方，老師想問你，」我指一指桌上被畫花了的教科書說：「你知道是誰做的嗎？」

柏林看著我搖一搖頭，沒有說話。

「嗯，明白。」我繼續問道：「那麼，你能估計哪位同學有機會會這樣做嗎？」

柏林認真的想了一想，再看著我搖一搖頭，沒有說話。

「嗯，明白的。」我心裡嘆了一口氣，再看著柏林問：「那麼，這一刻的柏林，心內有甚麼感覺嗎？」

柏林聽後雙眼又再次泛紅，然後抓緊楊太的手臂，聲線帶點顫抖的說：「……很害怕。」

聽後我的內心也不禁下沉，想到他年紀這麼少便要經歷被排斥的遭遇，甚至要被這份恐懼不斷纏繞，我也不禁疑惑，身為教育工作者能夠做到的其實有多少。

「楊生楊太，我承諾你們會嚴肅跟進這件事，請給我們一點時間，我和校方定必會給你們三位一個公道的交代。」我誠懇的向他們保證。

「好，就給你們一點時間。」楊太拿起手袋說：「一星期吧。」

「對，一星期甚麼調查也足以完成吧。」楊生亦站起來準備離開的說：「一星期後我們會再來，到時候，希望老師不會再一次令我們失望。」

說罷，他便先離開班房，而楊太亦牽著柏林緊隨其後，桌上是一本被糟質了的教科書，門外是一顆被糟蹋了的童心；我輕輕的把鬱結向天一吐，只因不管最後誰是真兇，被傷過的孩子便注定要和創傷共存同渡。

有些人為了一時三刻的快慰，卻徒添了某些人一生一世的後遺。

接下來的一星期，我也在明查暗訪的尋找那位欺負柏林的同學。我打探過班中那幾位愛製造麻煩的滋事分子，但他們卻堅稱不關他們事；我詢問過班中的模範班長，但他卻說這陣子班房的秩序毫無異樣；我查探過跟柏林較熟稔的幾位同學，但他們卻說溫馴的柏林根本從不會和誰交惡發生口角。

越問得多越是猶豫，彷彿日子越久便越遠離真相。到底天網恢恢是否真的會疏而不漏？到底有沒有同學正在包庇那位兇手？到底哪位同學可以機智得完美佈局卻不會留下缺口？或許，校園真的是社會的縮影，有些真相時間久了便會不似原形，甚至隨著淡忘而銷聲匿跡。

如是者，一星期便這樣毫無頭緒地過去了，柏林的父母放學後便會到達會議室，但校方和我仍未想好那個令他們滿意的答案。

「起立，各位同學再見。」我神情帶點恍惚的說。

正當我準備離開課室之際，我留意到坐在後方的柏林伏了在桌上不發一語。

「柏林，你怎麼了？」我上前了解，其他同學也開始看了過來。

待我站到柏林的身旁時，我再問：「柏林，你身體感到不適嗎？」

但他依然沒有回應，只是伏在桌上。

我嘗試輕輕撫著他的肩膊，那一刻，我能感受到柏林身上傳來一陣不由自主的顫抖。

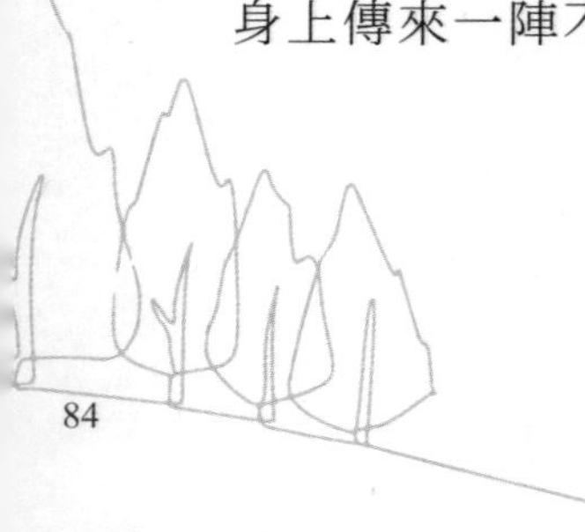

「柏林，告訴老師，發生了甚麼事？」我也開始帶點不安的說。

終於，柏林緩慢的抬起頭，雙眼哭得紅腫地指著木桌的櫃桶說：「有人⋯⋯有人⋯⋯」

我本能反應的把柏林櫃桶內的東西翻出來，內裡全是課堂用的教科書，而書的內頁⋯⋯卻佈滿了一道又一道令人心寒的紅色箱頭筆筆痕。

班內的同學看到後接二連三的傳出震驚的叫喊，我連忙向班長的方向說：「班長，立即叫訓導主任上來。」同時，我緊抱著不斷顫抖的柏林，他卻只是拚命的在我耳邊重複著說：「⋯⋯很害怕⋯⋯很害怕。」

數分鐘後，訓導主任和社工也趕到現場，我叫喚社工先帶柏林離開課室到會議室休息一會，接著，我想起了上星期楊生的說話，便和訓導主任交換一下眼神，再向著全班同學鄭重的說：「各位同學，希望各位能體諒老師的決定。」我遲疑了一會兒，再字正腔圓的說：「現在，我們要逐一搜書包。」

同學的不滿聲此起彼落，但其實我的內心也從不好受。我是他們的班主任，而他們是我共對了整個學期，投入過心血時間真感情的學生。我討厭自己要懷疑他們，但同時亦十分害怕在任何一位同學的書包裡找到那支血紅色的箱頭筆。不管搜得到或搜不到，我也不知道該如何向楊生楊太交代。

終於，搜查的過程完結，我看著眼前的結果，準備就緒向會議室內的人交代清楚。

「怎樣？找到了兇手沒有？」楊太激動的說，左手擁著手足無措的柏林，而她的雙眼留有剛剛哭過的痕跡。

「對，老師你看，現在簡直是變本加厲！」楊生指著滿桌的教科書，滿腔憤慨的說：「請問調查的結果如何？」

「兩位，剛剛事情發生後，我和訓導處已遵從楊生的建議，立即搜索每位同學的書包，嘗試透過找到紅色箱頭筆來鎖定有機會作出如此行為的同學。」我無可奈何的說：「但很抱歉，我們找不到。班房內並沒有任何一位同學的

書包內找到那支紅色箱頭筆，或許，我們仍需要更多的時間去……」

「還需要更多時間？」楊生拍著枱，打斷我的說話說：「到底你們校方這星期做過些甚麼？為甚麼可以容許這些事情一而再再而三地發生？」

「跟你們說話簡直是浪費時間！」楊太亦難掩怒火站了起來說：「事到如今，你們解決不了，我們惟有把事情鬧大，找傳媒處理。」

「對，我們認識的傳媒朋友或律師朋友多的是。」楊生亦站起來說：「我就不相信查不到事情的真相！」

「楊生楊太……你們冷靜一點，這樣做的話……對學校、對柏林可能也不是一件好事……」我亦站了起來，嘗試解釋著說。

「你住口！我不管！你們準備向傳媒交代吧！」楊太拿起了手袋，同時拉起柏林的手臂說：「仔，我們走！」

坐在中間不為所動的柏林聽著父母的怒言害怕得不知所措，而在他被楊太提起之際，他插在口袋的右手亦被同時拉了出來，那一剎，一樣物件從他的口袋掉了出來，再跌到地上傳來了鏗鏘的碰撞聲，就是那一剎，楊生楊太和我也往聲音的來源看，怎料，掉在地上的竟是一支紅色箱頭筆。

是我們一直尋找著的那支紅色箱頭筆。

房內流動的是一抹鴉雀無聲，楊太緩緩的彎下身子把箱頭筆拾起，我能看到她的手帶著微顫。

「柏林。」楊太回過頭看著柏林，看似平靜的問：「這支筆，是你的嗎？」

柏林熱淚盈眶的看著母親，嘴唇和雙手也開始抖動，但他沒有回答甚麼。

「我再問你一次。」楊太的眼神亦開始冒出淚水的說：「這支筆，到底是不是你的？」

洶湧的淚水已注滿了柏林的眼眶，他直視著母親，默默的點頭。

「所以，」楊太指一指桌上的教科書，聲線是刻意壓抑著的問：「這些筆痕，一直以來也是你自己畫的嗎？」

柏林的眼眶已滿瀉得落下了兩行眼淚，而他亦繼續點頭，默認自己是一直以來大家尋找著的兇手。

「柏林！為甚麼！？」楊太舉起了左手，準備要給柏林一記耳光，柏林見狀，害怕得傳出尖叫再躲進楊生的懷裡。

「楊太！」我亦立刻上前攔截著楊太，以免她傷害柏林。

「為甚麼？為甚麼你要這樣壞？為甚麼？」楊太聲嘶力竭的叫喊，眼淚亦不期然的流下。

柏林在楊生的懷中一邊顫抖，一邊哭得一塌糊塗。

「你知不知道你浪費了我們多少的時間？」楊太依然咄嗟叱咤著問：「為甚麼你要這樣做？你答我！」

「因為……因為……」柏林一邊哭，一邊口條模糊的說：**「因為只有這樣，你才會和爸爸一起關心我……只有這樣，我們才可以在一起。」**

楊生楊太聽後，頓時呆愣了起來，亦不懂得再罵下去。

「爸爸媽媽！」柏林喊破喉嚨的哭著說：**「你們可否不要離婚？我……我會很乖的……你們……你們可否不要遺棄我？」**

一段虐心的語句，換來在場人難以抑制的眼淚，還有難以修補的心碎。

那一天後，柏林便輟學轉校了。我不知道楊生楊太最終有沒有離婚，亦沒有再深究柏林自編自導的原因。**我只知道，父母於婚姻出現的裂痕，會蔓延再擴張成為孩子畢生的傷痕。**

留下是對自己委屈，分開是對孩子殘忍，婚姻和育兒間如何取得平衡，大概是世上最難以精通的學問。

紅筆在校園能劃清對錯，但當紅筆落到家園，誰又有資格拿起它來劃分對錯？

童年時父母給過自己的傷口，
今天是結焦了，還是依然淌血？
若然你能夠重遇
那位惶恐的小孩，
你會在他耳邊
說些怎樣的關懷？

不愛全因害怕愛

不是沒有不愛惜自己的人，但人大了總覺得自己不懂親近；惡言冷漠再傷人，其實對雙方也殘忍。

天氣轉冷，父親說：「記得外出時多添一件毛衣。」
工作加班，母親說：「記得回家時喝了桌上的湯。」
過時過節，祖父說：「記得今夜早一點來吃晚飯。」
冬至缺席，外婆說：「記得多忙碌也要休息足夠。」
情緒波動，哥哥說：「記得有難過時要和我分享。」
生日將至，姊姊說：「記得預留一天和我們慶祝。」

一些家人出於關心的提點，不知為何來到你耳邊竟會變成噁心的討厭。

寒冷警告，你回答：「難道我會不知道穿甚麼嗎？」
加班過後，你回答：「難道你煲了湯我便要喝嗎？」
節日假期，你回答：「難道我不可有其他活動嗎？」
冬至加班，你回答：「難道可休息我會不休息嗎？」

情緒激動，你回答：「難道我就一定要跟你說嗎？」
籌備生日，你回答：「難道我定必跟你們慶祝嗎？」

如是者，面對家人的說話你彷彿戴了濾鏡，平平無奇的說話，你會認為對方在挑釁你；不帶褒貶的提問，你會認為對方在向你施壓。有時候，連你也會不禁疑惑，到底是能夠關心自己的人越來越少，還是自己越來越不願意把心敞開，容許別人關注？然後，明明有家人帶著善意靠近，你卻不由自主的退後抽身；明明有家人主動表達好意，你卻自然反應地話中帶刺。最後，對方的耐性耗盡再冷淡了，你亦只好自責地重蹈覆轍了。

家人給你慰問，你卻拒於門外再自困；家人出於好意，你卻把關心視為惡意；家人給你包容，你卻不相信美滿結局。彷彿一切的好來到你眼中也視為污濁，一切的問好來到你耳中也充斥弦外之音，心房外的護城河越來越闊，闊得無人能闖進你的世界，亦闊得教你觸及不到外面的世界。

沒人靠近，卻會被突發的寂寞感籠罩心身；
有人靠近，卻又裝作毫不在乎的選擇獨行。

很想被關心被愛，但總是質問自己憑甚麼，總害怕再受傷害，總害怕失去後會感到悲哀，最後，你便情不自控地把愛惜的人逐一推開，剩餘自己抱著無奈，留下感慨。

親愛的，是因為過往的經歷令你不敢再把心拋出去吧？
是因為害怕今天得到的美好待到明天便要給償還吧？
是因為曾被狠狠傷害過而認定歷史總會重演吧？

不會的，相信我，真的是不會的；每一段經歷也是獨立而又獨特的，過去如何被傷害，也不等於未來仍會被同樣對待，大前提是你願意把眼界看開，把固有更改，而更重要的，是你會隨年月成長，你會隨閱歷蛻變，你可以用新的方式去接納和容納愛。

把敞開的心再合上，是為了保護自己不受傷；
但把敞開的雙手再抱著，便能擁緊珍重的人以愛療傷。

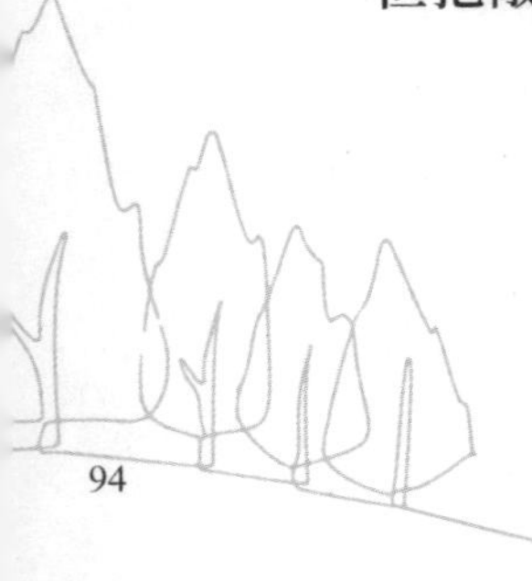

你曾經把多少愛閱讀成恨？
你曾經把多少關心貶值成次等？
看著漸遠亦漸老的家人，
今天的你
會否願意主動送上慰問？

聽話

由小到大，我和父親之間也恍似隔著一道透明的玻璃牆壁，我們總是能看到彼此的存在，但說甚麼話也只剩下唇語而沒有聲響，可以的話，真想他能夠聽聽我的說話。

「記得準時提醒爸爸吃藥。」我從餐桌椅站起來，抹著嘴巴說：「還有，待他完成早餐後，督促他要吃光桌上的保健品。」

「知道先生。」餐桌旁的傭人說。

「我不吃。」父親背著我們看著電視機說：「我吞不下這麼多藥物。」

我瞄一瞄他，再穿上西裝外套說：「今天我負責夜更，不會回來吃飯了。你準備了甚麼給爸爸？」

「煎馬友，炒芥蘭，還有紅豆沙。」傭人如實的說。

「紅豆沙？誰給你弄紅豆沙的？」我有點錯愕的問。

傭人看一看父親的方向，再向著我低下頭暗示答案。

「算了算了，不要弄甚麼紅豆沙就是了。還有，馬友清蒸，芥蘭白焓便可以了。爸爸吃飯要清淡一點。」我拿

起手機和公事包，離開著飯廳說：「還有，你後天不要放假了，我給你補錢，我們要帶爸爸去複診。」

「我不去。」父親仍看著電視，堅定的說。

我能感受到自己心內的不滿開始累積，我沉著氣，再和傭人說：「就這樣吧，你預留那天的早上便可以了。」

「我不去。」父親再說一遍。

「爸，我現在沒有時間跟你爭拗，我要趕著回醫院。」我看一看手錶，再走向玄關的位置穿起皮鞋說：「就這樣決定吧，我不想每一次和你複診也要這樣拉鋸，我工作也很累的。」

「我說，我不去。」父親說，再呆望著窗邊。

「抱歉，你不想去你便自己和醫生說，總之後天你就是要去複診，不用再說了。」我按捺著怒火打開大門，臨行前再向父親丟低一句：**「每次也是這樣，你可否聽一聽我說？」**

大門關上，一門之隔，是我和父親難以跨越的鴻溝。

自從母親三年前逝世後，我便租了一個單位和父親居住，鑒於我在醫院的工作比較繁忙，因此亦請了傭人去照顧父親的起居飲食。我還有一個細妹和一個弟弟，妹妹早已搬離娘家成家立室，而弟弟總是大不透亦坐不定的，每個月賺到的也用來旅行，這一刻他在南美還是東歐我也不知道了，我只知道自己這三年來也沒有再去過旅行，甚至連想一想也不敢奢望，好比是成家立室和投資移民的目標，現在也彷彿比想像的更為遙遠。

當家庭成員發生巨變，要擱置夢想也是在所難免。身為兄弟姊妹中最大的一個，由小至大要背負的也是最多，我不會怪弟妹誰對誰錯，更會自願承擔家中沒人願孭起的結果，只是……當我偶爾看到他們過得如此自在逍遙，心內也不禁會嘆句為何，再問句為何總是我？

在家人面前談公平，我也不知道自己在期望甚麼的回應。

「今天8號病床又要靠你了。」姑娘把文件夾交給我說。

「又是不肯吃飯嗎？」我接過文件後問。

「對啊，整個早上又嚷著要出院，又說對面床的病人吵著他入眠……真難處理。」姑娘拍一拍我的肩膊說：「所以，靠你了，你總有你的辦法的。」

「當然，交給我吧！」我穿起醫生袍，一聲苦笑地說：「連家中那個我也能處理，還有誰會難到我？」

自畢業後便開始在公立醫院工作，遇過無數棘手的病人也可迎刃而解，怎會想到竟被家中的父親技術性擊敗？由小到大，他就是硬頸、固執、霸道，從來只會相信自己的一套，不會聽從他人的勸告。由童年到青春期，不管是選科升學、結交朋友，還是工作進修……他也要參一腳左右我的決定，因為他總是覺得自己的決定是最好的，有時候，我真的很難理解母親是如何吞聲忍氣才可和他渡過近半世紀的時光。

嗯……說到這裡，又想起母親了。不知道，她現在於天國過得好嗎？

「真有你的，他現在真的開始吃東西了！」姑娘跑進職員休息的地方和我說。

「哈哈，我常常說，老人家也不過是有皺紋的孩子，哄一下便可以了。」我笑說。

「那麼，他今次是因為甚麼原因而不肯吃飯？」姑娘繼續問。

我向她笑一笑，再拿起了放於工作桌上的白膠袋。

「噢，又是婆婆帶來的違禁品！」姑娘接過膠袋，再打開來說：「看看今次她又偷運了甚麼進來。」

膠袋攤開，傳來了一襲黃糖和紅豆香，是兩件啡黃色的砵仔糕。

「嘩，難怪不敢讓我們知道了。他的血糖數字如此不穩定，若然給我找到，定必大罵他一頓！」姑娘拿起那用竹籤叉著的砵仔糕，再看著我說：「但又真是挺香的。醫生，一人一件？」

「哈哈，不用了。」我笑著婉拒。

「嗯？不要浪費嘛，你不喜歡砵仔糕的嗎？」姑娘問。

「不，正好相反。」我搖著頭，再準備外出工作說：「**但是，我是不吃外面的砵仔糕的。**」

「爸爸，我想吃這個。」我右手牽著父親，左手指著街邊小販所販賣的砵仔糕說。

「不，快吃飯了。」父親冷漠的回答。

「不要！我很想吃！買給我吧！」我苦苦哀求的說。

「我說不買！街邊這些砵仔糕只有幾粒紅豆，而且亦加了色素，不要吃！」父親開始嚴厲起來說。

「為何每次也是這樣？」我在街上叫喊著說：**「你可否聽一聽我說？」**

「我說的就是對的！不要再大吵大鬧！」父親罵道。

接著，我便鬆開了他的手，頭也不回的跑回家。然後，那一夜，當我在房間哭夠了再踏出房門時，我看到客廳桌上是父親為我親手弄的砵仔糕，沒有色素的，紅豆滿滿的，原來……原來他聽到我說的話。

駕著車回家，是我一天裡最能放鬆的時刻。在奔馳的快感中，我彷彿不再是誰的醫生，不再是誰的兄長，不再

是誰的兒子……我變回我，我可以選擇想聽的音樂，我可以駛到海邊，朝著海風向著浪吶喊出一直以來說不出來的鬱結；我可以駛到山上，迎著迷霧背著光逃避著日積月累遠超負荷的責任，甚至，我可以哭，可以接受自己累，可以承認和父親的關係一天比一天惡劣。

最親的人，到底由何時開始會變了最熟悉的仇人？對父母存有恨，我這種罪人，大概連天公也不願給予憐憫。

回家把家門打開，彷彿是下班後的另一場競賽。

踏進大門，脫下皮鞋，再把公事包放在飯椅上，我看一看桌上的東西，是原封不動的藥物、被撕毀得一分為二的複診信、彷彿沒有吃過的飯菜，還有半碗吃剩的紅豆沙。我的怒火立即燃起，不知為何對著家人時，憤怒總是快速冒起得難以遏止。

「發生了甚麼事？」我直問站在飯廳的傭人，她卻欲言又止的逃避著我的視線。

「照直講，剛剛發生了甚麼事？」我再重複一次這其實也明知答案的問題。

「他……他剛才發了很大脾氣，不肯吃藥，亦堅決不會出席後天的複診……」傭人壓下聲線的說：「他……他還逼迫我要弄紅豆沙給他吃……不好意思先生……」

我微微的點頭，再拿起了桌上被撕開了的複診信，緩緩走到客廳，打算和看著電視的父親直接對話。

「這是甚麼意思？」我屏息靜氣的問。

父親繼續盯著電視，沒有回應。

我拿起了茶几上的遙控器，把電視關上，再問：「我再問一次，這是甚麼意思？」我能明顯地感受到胃部的灼熱。

父親緩慢的轉過頭來，看著我，但依然沒有說話。

「我問你到底是甚麼意思！？」我終於按捺不住的向父親咆哮，同時把信件砸到父親的身上。

「我已經說過，我不想去！」父親堅定的說，而眼神亦開始冒出淚光。

「那麼到底你想要些甚麼？」我激動的對著父親說：「你不吃飯而去吃紅豆沙我也算了，但你藥又不吃，後天複診又不去，到底你想怎樣？到底你想我怎樣？爸，我已經工作了一整天了，你老但我也不年輕了，你知不知道我有多大壓力？你可不可以合作一點，當我是求求你吧，我……我這幾年已很累很辛苦了……我……」我的淚水亦莫名的流下，大概那份憤怒背後是多年來無人問津的難過：「妹早已嫁了出去，而細佬又吊兒郎當似的，我給你請傭人，我回來跟你同住，我替你安排了所有東西……由始至終我也沒有怨過一句，一句也沒有。因為……因為你是我的父親，但是……你可否合作一點，**你可否聽一聽我說？**」

父親一直低下頭沉默著，待我說完後，他緩慢的彎下身子拾回地上的複診信，再站起來看著我，聲線顫抖著說：「**對不起……要你背負我這個負累。**」

我沒有說話，但心裡痛得不斷流下眼淚。

「你常常說『可否聽一聽我說』，」父親聲線黯然的說：「**那麼，你又有沒有聽過我說？**」說罷，他的淚水也默默流下，再回到自己的房間留下了我，臨步進房門前，他無奈的丟低了一句：「你說不想去複診就和醫生說，但你便是醫生了，我跟你說有用嗎？」

房門嘭的一聲，終止了這場角力賽。

我很累，累得蹲了在地上哭個不停。一直以來，我也以為自己把最好的資源給父親便已足夠，但原來自己一直以來也了解不到他心裡的需求。真諷刺，在醫院我是最有耐性的醫生，但在家裡我卻成為了最不近人情的親人。

哭光了，反正再哭也修補不了摔碎了的關係，我紅著眼的走到飯廳，打算坐下來冷靜一下思緒。

「先生。」傭人從我的身後說：「你還需要吃晚飯嗎？」」

「不用了。」我按著頭顱，閉著眼，再揮揮手說：「我沒有胃口，你去休息吧。」

「嗯……這個，」傭人在我身邊放下了一個碟子說：「這個……是老先生弄給你的……」

我慢慢的張開眼，朦朧間，竟看到桌上是一碟香氣似曾相識的砵仔糕。

「嗯……老先生知道你喜歡吃……所以明知會給你罵，也借故說要吃紅豆沙，那麼……那麼他便有材料可以弄砵仔糕給你……還有……」傭人戰戰兢兢的說：「他記得後天是你的生日……所以，所以他不想你正日也要陪他到醫院複診……」

原來，由始至終，他也有聽我說；
原來，一直以來，我也沒有靜下來聽過他說。

沒有色素的，紅豆滿滿的，是父親親手弄的砵仔糕，原來說不出口的愛，他想用這個方法讓我知道。

若然邀請「口硬」的自己
失陪一會兒，
「心軟」的自己
又會有甚麼想和家人說？
想好了沒有？
想好的話，
下一步你又會做些甚麼？

| Chapter Three |

相處相愛

二人世界

若然愛的單位是無限，那麼不管是二人分擔還是獨力支撐，有心的也可以力挽狂瀾，即使單親也可以讓孩子常懷歡顏。

「嗯，對的，今晚兩位，八點。嗯，謝謝你。」說罷我便掛掉電話，打算從房間走回客廳，於這個情人節的下午儘快完成手頭上的工作，再準備為今夜的約會精心打扮。

「哎喲，隱約聽到今晚有人好像有約啊。」母親坐在沙發上翻揭著雜誌笑說。

我裝作生氣的坐到餐桌旁，再打開著手提電腦說：「你侵犯我私隱！偷聽我說話。」

「哈，誰叫你說得這麼大聲？」母親風趣的說：「你看你看，我以前也不信星座的，但這裡說山羊座這星期的戀愛運甚佳，是發展戀情的好機會。」

「哼，那麼內裡有說人馬座這星期的人緣普通，有機會給女兒責罵嗎？」我反擊著說。

對，我和她總是喜歡這樣互相鬥嘴，但對彼此的珍愛卻常在心裡。

「好了好了，不挖苦你了。今夜玩得開心一點就是了。」母親放下了雜誌，再給了我一個溫暖的微笑說：「都說過了，你總會好起來的。」

「嗯。」我也對著母親微笑了一下，心內是無須言語的感激。

情人節的下午，就好比過往二十多年的早午晚上，在同一屋簷下，我們陪伴彼此成長，亦伴隨彼此療傷。沒錯，我來自一個單親家庭，二十多年也和母親相依為命。

對於父親這個概念，我有點陌生，亦帶點憎恨。還記得他離開我們的日子，是我臨升上中四前的那個暑假，那年的颱風好像吹得分外兇，來襲前的風平浪靜令慣於安寧的人察覺不到任何的蛛絲馬跡。父親確實離家的時間卻不太肯定，反正我和母親一覺醒來後便再看不到他的蹤影，我如常的上學，但家中的巨變已不可能教我們說服彼此一切如常。那時的我知道卻不敢問，而印象中母親也沒有上演過那些大灑狗血的戲碼，她只是繼續工作，繼續維持我和她的生活，只是從此我和她之間也多了一個明顯卻不可提及的題目，而我的心底亦多了一道困惑卻隱隱作痛的傷口，母親知道，但同樣地不敢問。

也許中四至大學的我也活於改變的漩渦裡，青春期的荷爾蒙改變、高中期學科的改變、畢業後環境和圈子的改變……因此，即使父母離異的浪潮來得突然，當中所帶來的波濤洶湧也沒有想像般的大。記憶中我有哭過，不至於聲嘶力竭，不止於雙眼通紅，是一種介乎於痛悲與感慨之間的中庸反應，但比較深刻的是，那時的我已清楚知道女生要獨立亦要靠自己，只因任何人也可無聲無息的離開你。

因此我比起同齡的人成熟強悍，只是中五當選了學生會主席的那一年，發覺要兼顧會職和學業也總會有乏力的時候，然後，我想起了母親，想起了她如何身兼父職、想起了她如何一人扮演兩個角色、想起了她如何面對巨變也保持積極……我對她便從此多了一份感激和尊敬。結業禮時，我以學生會主席的身分上台致詞，結語的一句「咬緊牙關」，是鼓勵自己，是寄語同學，也是源於母親。

當過了數年的父親節也沒有慶祝活動、當任何的大時大節也再沒有男家親戚的影蹤、當家中的浴室只充斥100% 的女性用品，甚至連內褲和衛生巾也無須再刻意藏

好……我便真的意識到父親是真的不會再回來，他是徹徹底底的選擇了把我們從他的生命中切割，或許會殘留些回憶，但起碼不會再建立任何的未來。

「嗯，未來就只剩下我和母親了。」某一天我的腦海忽然想通了這一點，從此，我對她多了一份包容，會包容她工作後疲倦得躺於沙發不做家務、會包容她一時意氣說了一些連她自己說了出口後也會頓時後悔的說話、會包容她偶爾像個孩子般需要呵護和遷就、會包容她有些晚上會不發一語，即使聽到她在睡房內啜泣也會給予她足夠的空間不作打擾。

年少時的我未有能力去體恤母親的感受，總認為自己失去了父親很可憐，但當自己的五感神經發展完成，方發現母親也同樣失去了一位丈夫，一位同伴，一份信任，還有對家庭及女兒的一份嚮往。

大學二年級的除夕夜，我放棄了和莊員們倒數的活動，幸而趕得及回家跟母親倒數，還記得我打開大門時已是11:58，還未開始倒數母親已被淚水沾濕眼角，不知道來年的我們會否快樂，但至少我知道我有能力讓母親不感寂寞。

大學三年級的情人節前夕，我被通知分手了，哪怕我如何微笑支撐，母親也總是能察覺到我情緒上的微小變化。我怕痛，卻又不想讓自己太早對失戀失去感觸，只因沒痛楚的愛情好比盛宴忘了調味，看似豐盛但卻沒有一道菜值得回味。那年失戀的我，一邊想著關係裡的誰對誰錯，一邊印證「任何人也會無聲無息的離棄我」的結果，原來信任被沖走了便難以復原，原來當初父親不辭而別的浪潮離岸很遠，要待差不多十數年後才引發海嘯。牆壁很薄，但關懷寬闊，當我能夠聽到母親在房內啜泣，她自然也能聽到我在房內淚流，睡房的門沒有關上，哪位失戀者不需要別人的問候？

「怎麼了？很痛很傷對吧？」母親坐在我的床邊，溫柔的擁著我說。

「嗯……嗯……」我靠著母親的肩膊，泣不成聲的說。

「嗯，明白的。」母親也忍不住淚水，如過來人般說：「我又怎會不明白？」

那一夜，是母親第一次主動說起她和父親的往事，我亦明白了更多過往一直沒有留意過的細節。言語間，她憤怒地心痛地罵他不可一世；眼淚裡，她自責地內疚地對我

於心有愧。我說不要緊，因為我從來也沒有介意過，那一刻的對目很奇妙，彷彿她不再是我的母親，我也不再是她的女兒，我們不過都是受過傷的人，傷疤深刻卻平等，釋懷了便會有再愛的可能。

「媽。」臨說晚安前我躺在床上問：「為何愛會這麼痛，信任會這麼難的？」

「嗯，可能是因為……」母親準備替我關上夜燈說：**「信任，就是你賦予了他人傷害你的權利吧。」**

我沒有回答甚麼，只是默默的看著她。

「但是，」母親似水柔情的看著我說：「你要記住，我一定不會傷害你。相信我，你總會好起來的。我可以你也可以，因為你是我的女兒。」

夜燈關上，秋夜微涼，那一夜我和母親也恰巧睡得酣暢，又或者這不是巧合，而是把重重心事抒發後的心輕入眠。

回到這個情人節的黃昏，我把工作完成了便伸個懶腰，準備打扮一下前往今夜的聚會。

「完成工作了？」母親說，再站起來把雜誌放回茶几下的位置。

「嗯，是時候準備裝身出發了。」我看一看時間說：「不然便遲到了。」

「遲一點又有甚麼所謂？」母親的聲線帶點狡猾的問：「今夜要和誰吃飯才這麼著緊啊？」

「都知道你會按捺不住問我的了。」我一早料到的說：「好吧，讓你看看那人的照片吧。」

「噢，待我這麼好？那麼我便不客氣了。」她興奮的走向我的位置說。

「好吧，讓你看一看就是了。」我按一按鍵盤，打開了視窗說。

母親探頭看一看，再一臉莫名的說：「咦？怎麼了？又在捉弄我嗎？怎麼會是攝影鏡頭來的？」

「沒有啊。」我露出笑顏的說：「是你說想看看今夜我會和誰吃飯嘛。」

母親先是不明所以，再忽然明白，眼泛淚光的看著我。

「**情人節是和最愛的人過的**。」我也不期然雙眼濕潤地說：「**媽，情人節快樂，我愛你**。」

由當天他和她的二人世界，到今天我和她的二人世界，單親父母的偉大，就是要一人支撐起子女的成長世界。

你有了解過父母的舊情史，
以至他們的失戀經歷嗎？
不如嘗試問一問他們，
或許能給你未來的關係
帶來一些啟示。

聽不到的我愛你

由小至大，父母也從來沒有跟我說過一聲「我愛你」，那時候的我總覺得他們不愛我，直到今天成為了別人的父母，才明白有些愛總是於細節裡流露，有些愛總可於無聲裡宣告。

在我還未對這個世界有印象前，那份於血液裡流動的愛已滲透不淺。

愛是十月懷胎，是兩份生命最貼近的一份期待；

愛是呱呱落地，是多疼痛也咬緊牙關的一份勇氣；

愛是偎乾就濕，寧可犧牲自己也希望孩子舒適就寢；

愛是廢寢忘餐，哪怕餓著累著也心甘情願的支撐；

愛是血脈相連，原來暫別半天便會想念得不得不見。

隨著我發展了思想和五感，自然也和父母多了交流，那時的自己只會著眼於生命裡的不足夠，卻從未發覺細節裡的愛總是有跡可尋。

愛是三餐溫飽，原來無間斷的營養和果腹感已是身在福中的佳餚；

愛是節衣縮食，那時未明白原來補習和興趣班也不應因厭倦而缺席；

愛是寒夜添衣，原來溫暖牌從不過時，可惜自己太遲在意；

愛是同一屋簷，屋的大小總不及家的深度來得重要；

愛是同病互理，能夠交叉感染也是一種親密的福氣。

年月為人們帶來年歲，相處為關係帶來情緒，因為愛所以針鋒相對，因為愛所以悲喜相隨，笑過罵過方發現關愛滲透在七情六慾裡。

愛是怒火中燒，原來當著緊去到盡處，會令理智線也給燒掉；

愛是淚如泉湧，原來傷在對方卻可以感到更痛；

愛是歡天喜地，越無聊的笑話越可令苦澀的生活加點甜味；

愛是心驚膽戰，當擔心充斥全身又怎可能安心入眠？

愛是破涕為笑，有時候一個肯定的眼神已可為灰心帶來新的心跳。

光陰似箭，很多記憶也隨歲月灰飛煙滅，但深刻的事情總會在腦內偶爾重現，即使不常碰見，但勾起時總會自然地展露笑臉。

愛是大節大時，曾嫌棄的傳統總有著難以取替的意義；

愛是生日生辰，每吹一支蠟燭也代表向生命盡頭步近；

愛是出國見聞，東京的初雪令怕冷的人倚偎得更近；

愛是闔府統請，同坐於喜宴廳內原來會慶幸一家人可齊齊整整；

愛是家屬謝禮，呆坐於殯儀館內原來會有些恐懼不敢亂提。

那些年的年少氣盛早已銷聲匿跡，時光的厚禮為我們帶來新的角色和使命，把愛一代一代的傳承，好讓這個故事能給後世的人延續傾聽。

愛是離家出走，我和父母也念舊，同時也因為愛而學懂放手；

愛是門當戶對，兩家人的允許成就了執子之手的一對；

愛是愛屋及烏，愛子女所愛猶如盟誓中的石爛海枯；

愛是開枝散葉，體驗母親當年的痛來拓展故事新一頁；

愛是傳宗接代，把幾代人連接起來的基因叫作愛。

「媽，幫我抱一下他吧，我很累了。」我在沙發上把寶寶遞給母親說。

「你看你，當母親怎可說累的？」母親接過寶寶說。

「哎喲，有你幫我照顧他嘛。」我望著母親說。

「真是的，都當人母親了，還是那麼的孩子氣。」母親回答。

「對啊。」我撒著嬌回答：「**在你面前，我永遠也是被寵愛的女兒啊。**」

由小到大，父母也沒有跟我說過一聲「我愛你」，今天當了人母才明瞭這份沒說出口的愛早已彌漫於空氣。

在父母面前我永遠是孩子，曾經會因為聽不到愛而感到介意，但原來愛的語言不止於文字，「陪伴的時間」也載滿濃濃的愛意，更何況，這份愛的有效日期是一輩子。

愛的語言有五種，包括肯定的言語、
日常的服務、陪伴的時間、
身體的接觸和送贈的禮物。
你的家人常用的是哪一種？
你慣用的又是哪一種？
知道了，你便會發現
每天的微小也是愛。

輕沙風中轉

我的婆婆很愛笑，若然要在回憶的資料庫裡尋找婆婆的相片，相信大部分也會是她面露歡顏的神情，還有，她很喜歡說一些教人發人深省的金句，其中一句，總會時不時在我的腦海中娓娓道來，彷彿是在提醒我生命的無常，以及生而為人的渺小。

這句說話是：「人生就像一粒沙，隨時會被風吹走。」

婆婆愛我，這是每一個人也知道的事，除了是那時候乳臭未乾的自己。或許是小學階段的自己沒有在常識課時認真學習的緣故，才會對外公外婆的概念感到模糊，亦不明白為何父母以外竟有人願意給自己如此深厚的呵護。被溺愛的孩子總會恃寵生任性，飯桌上被預留雞髀卻會忽然偏食，鬧脾氣時被問候關心卻會不哼一聲，犯錯時被原諒包容卻會不願領情……換轉是自己今天有著這麼的一個孫兒，相信也難以壓抑怒火而釋出善意，但是，婆婆就是這麼的仁慈，明明是委屈了也笑說不介意，甚至，會奮不顧身地抱著眼前這頑劣的孩子，用滿瀉的愛來感化對方的少不更事。

若然你也是某某的孫兒，大概你也會有過這種介乎於溺愛和偏愛之間的獨有重視。

大概我們也是這樣的，年輕時只顧年輕，卻沒有認真成長，從沒有珍惜過身邊過盛的愛；而成長後終於成長，卻沒有資格年輕，只好悔不當初地放大即將流逝的愛，看著至親蒼老的容顏，暗罵自己醒覺得太慢，亦愛惜得太晚。

你呢？若然族譜中仍有老人可孝順，你會繼續以退為進，還是跨出一步給他一抱？

我也不知道懂事是一刻還是漸漸的事，或許當經歷過生命中第一次有情緒地面對生離死別時，你便會自然意識到離別並沒有想像般的遙遠，然後，你便會自然地想哭，想愛，想抱，想倚賴，想回到過去，想留住此刻……一切也如生老病死般來得自然。

「人生就像一粒沙，隨時會被風吹走。」
隨著成長，這句說話來得越來越有分量。

時間不斷向前，我在長大而婆婆卻在變老，在我可以去得更遠，飛得更高，忙著為人生不同新階段作出打算時，婆婆的選擇卻越來越少，吃的菜越來越清淡，能去的地方越來越近，想談的過去越來越模糊，可說的未來越來越迴避。然後去到了一個時間點，一個若然我不主動找她，她便不會在我的生活裡出現的階段，我才真正學懂如何和婆婆相處，真正學懂聆聽她的需要，真正說一些一直收於心裡的話語。

有時候，當她知道我會前往探訪，她會興奮得不斷詢問我母親我會甚麼時間到達。當自己的生活是如此多姿多彩，自然會忽略了婆婆生命的色彩是源於門鈴響起的期待。而每一次當我前來，婆婆也會弄我最喜愛的菜，會關心我是否著暖吃飽，會擔心我生活是否過得好。我常常也會勸她不要那麼辛苦為我弄東西吃，但她總會笑著說不辛苦，這是她為我最樂意做的事，然後，便會繼續笑瞇瞇的看著我吃光桌上的所有飯菜。

那一刻我終於明白了，在腦海裡婆婆總是愛笑，是因為她看著我時總會滿足得會心微笑，原來，連我自己也不知道何謂快樂時，我的存在已給予了婆婆最大的快樂。

「人生就像一粒沙，隨時會被風吹走。」

我開始害怕風起來的日子，原來人之所以如沙般渺小，是因為不管你是如何強大，站在生命之前，你也是不堪一擊得無可倖免。

還記得某一個初秋的下午，碰巧我不用上班，便陪著婆婆前往醫院複診，期間醫生說了些甚麼我也不太記得了，但最深刻的卻是婆婆不論看到醫生、護士，還是坐在側邊一起等待見醫生的公公婆婆，她也會按捺不住的指著我說：「他是我的孫兒，他陪我來複診。」她的雙眼流露著自豪，彷彿那一刻我便是她的全部。

複診過後，我推著輪椅和婆婆到碼頭附近散步，秋風不暖不寒，猶如天色不晴不陰般耐人尋味，我和婆婆一起看著海，波浪勾起了隔代的感慨，大概，我和她也有些恐懼是直視對方時難以說出來。

「婆婆，」我問：「你最近好嗎？」

「嗯，好。有你們在，我過得很好。」婆婆回答，平平淡淡的。

一抹沉默，亦有點沉重。

「婆婆，」我說：「可以問你一個問題嗎？」

「當然。」婆婆回答。

「婆婆……」我不由自主的：「面對死亡，你會害怕嗎？」

婆婆靜默了數秒，再輕輕的回答：「會，誰也一定會。」

「嗯……我也是。」我簡單的回應，天色也因我的視覺而變模糊了。

「與其說怕，不如說是捨不得吧。」婆婆閉上雙眼，雲淡風輕的說：「死亡不過是一剎那，但步向死亡卻是充滿牽掛。我捨不得再看不到大家聚在一起的樣貌，我捨不得看不到你未來的每一場人生大事，我亦捨不得就這樣離去了……再不能給你煮些你愛吃的，甚至如當年般保護你，照顧你。」

我強忍著淚水，再從旁輕輕擁著婆婆，原來她的身軀是這麼的和暖，暖得再多抱一輩子也捨不得放手。

「婆婆……」我捉著她的右手說：「我很愛你，我很想你知道。」

「乖，我當然知道。」婆婆用左手捉緊我的手說：「**由你出生的那一刻開始，我便知道**。」

「嗯，知道了。」我看著她點著頭說。

有時候，總會自責自己的後知後覺，但其實懂得在完結前後覺也未算太遲，至少仍可在有限日子選擇應該做的事。我起跑不久，她便快將衝線，但願風能把我推快一點，讓我能把珍惜的背影看清一點。

「怎麼了？怎麼你看似想哭了？」婆婆溫柔的笑問。

「沒甚麼，」我也感激的笑說：「只是碰巧有沙入眼。」

「人生就像一粒沙，隨時會被風吹走。」

我不知道風會在哪一天刮起來，我只希望當風真的起了，我愛的人會如沙般離開得輕盈，而我亦會如沙般謙卑地過好仍有愛可愛的生命。

你家中最年長而
仍健在的長輩是誰，
請相信你及時而不吝嗇的一句，
是可以圓滿他們整趟生命之旅。
別害羞，愛的話便說出口。

家人成團

由家人帶你來到這個世界，到你帶著他們見識這個世界，哪怕世界再壞，身邊總有一份愛會願意把你擁抱入懷。

旅行總是去多久也是不足夠的，就是因為人大了有了資源卻少了時間，每一次去旅行的地點和旅伴也要悉心的揀。畢業旅行你會和朋友遠走高飛、情竇初開你會和伴侶出走異地、生命迷失你會和自己登上客機……而當你到了某一個年紀，就是那個開始發現所有事情也會有盡頭的年紀，你會忽然關注起最親近的面孔，買張機票和他們劃破長空。

入境、安檢、登機、著陸，異地的空氣讓你們從頭認識；

微笑、拍照、回程、滿足，新鮮的回憶給你們一直回味。

離開了競技場，慢活令你學懂體諒。

壓力沒有伴隨上機，令你在異地可以鬆一口氣。當眉心放鬆了，原來很多的執著也沒有甚麼大不了；當無須趕時間，原來家人的腳步也沒有所謂快或慢。從前的他們陪伴你學走路，今天大家也漸老，你終於看得到他們的角度。

停留於咖啡室，悠遊令你長談促膝。

走到累了，便找間咖啡小店坐坐談談，哪怕咖啡是濃是淡，原來於血液裡流動的親暱從不會減。不管是他的健康大不如前，還是你的工作壓力沉重不淺，原來彼此很久也沒有這樣誠實聊天。把咖啡喝光，成熟了便能重新認識過。

告別幼稚年華，時光令你珍惜當下。

時間逼迫我們向終點行近，別怪責自己從前不懂慰問，別擔心未來還有多久捉緊，只要能夠一起凝望此時此刻的黃昏，便已是這個旅程的最大確幸。從前的自己不懂說愛，願今天的你把握每個現在。

是，總是有些時候會令你不滿，但怒火熄了又會願意包容而繼續陪伴；

是，總是有些景點會教人卻步，但某天回想又會慶幸這並肩踏過的路。

家庭旅行就是很難會事事順利，亦很難會只遷就你，而當中之所以價值不菲，是因為一家人旅行的精髓不止是關乎一個人的悲喜，而是關乎你和愛的人同在一起。

或許，當你離港了不再關注工作，你更能察覺到父母的頭髮日漸稀疏；當你投入了不再機不離手，你便能發覺一直嚮往的幸福其實早已擁有。

到了一天，當你發現再多的飛行里數也換不到生命的時光倒流，或許你會懷念那雙皺了的手，亦會想念曾經一起結伴出遊，陪伴彼此掛上過最燦爛的笑口。

橫越經緯線，最珍貴的始終是手中的生命線。

牽著那雙滄桑的手，原來旅行和陪伴一樣是再多也不夠。

你最記得和家人出發的
哪一趟旅程？
有哪一個畫面是最為深刻的？
若然有下次，
你想和他們去哪裡？

日月星

如果將來我有機會為人父母，大概我會想有三個孩子，他們的名字就叫作日、月、星，即使各有各的軌跡，但回頭時總可看到彼此發光的身影。

三月天的黃昏，溫度和濕度也不至於到達惹人討厭的程度，而象徵重逢的薰衣草早已開好，彷彿是為今次的重聚作出預告。

「所以，這一次你會多留一段時間嗎？」二姊問。

「應該會吧，自疫情後也沒有回家了，很多人想見見，也有些銀行事宜要處理一下。」大哥識趣的說：「當然，最想便是見一見我的可愛外甥啊。」

「哈，我想他們現在已忘記曾見過你了。」二姊帶點挖苦的說：「沒辦法吧，誰叫你這麼久也不回來。你說對吧，弟？」

「對啊。」我附和著說：「不要說他們，我也差點忘了你的模樣了。」

「你們少跟我來這一套，要怪便怪疫情啊。」大哥自我辯護著說：「如果不是疫情，我早就回來了。」

「別把責任推卸給疫情！」二姊翹起雙手裝作不悅的說：「即使沒有疫情，你也是遊牧民族般飛來飛去去擴展你的事業。反正沒有了工作，你也不是你啊。」

「話不能這樣說。」大哥反問說：「我常常叫你們來倫敦探望我的，只是你們不來。」

「我怎來？老爺奶奶、兩隻怪獸，加一個大細路在家，他們沒了我怎辦？」二姊無可奈何的說：「現在有了家庭便有了更多責任，怎可如當年般說飛便飛？」

「也是的，如果你背上沒有這些那些責任，你也不會是你吧。」大哥笑說：「你呢？弟，你又為何不來倫敦探我，我有房間可以給你住個三五七天的。」

「哈，早陣子我還在轉工，哪有錢？」我苦笑說：「更何況……唉……算了。」

大哥聽後，輕輕搭著我的肩膊說：「嗯，明白的。怎麼了？現在好了一點沒有？」

「還好吧。」我抬頭看一看染黃了的天，唏噓的說：「有時好一點，但有時又會差一點，好像還未放得下似的。」

「給自己一點時間吧，弟。」二姊也搭著我的肩膊說：**「失戀很痛，我們明白的。」**

「哈，你姊應該比我明白多一點。」大哥嘲弄著二姊說：「她的情史如此豐富。」

「你住口！」二姊裝作拍打大哥說：「別忘了你中學時第一次失戀，你是如何哭得一塌糊塗。你知道嗎，弟，他那時哭得連學也不願上，但又不敢讓父母知道，所以每天要我替他冒簽家長信，真是羞家。」

「真的嗎？」我面露笑容的看著大哥說：「真是猜想不到。」

「咳咳！要玩考古嗎？我奉陪！你知道你二姊多厲害嗎？人失戀她失戀，她哭到眼睛急性發炎，第二天雙眼腫得像甚麼似的。最後她還要騙父母是被蜜蜂針。」

「不准再說了！」二姊一邊笑，一邊掩著大哥的嘴；大哥一邊迴避，卻又一邊繼續說，而我就一邊看著他們，內心又彷彿悄悄好起來了。我們三人笑得玩得和鬧得如小孩，然後，慢慢靜下來時，我們默默看著經已長大的彼此，眼神間流露出一種微妙的感動。

「看。」二姊微笑裡帶點感觸的說：「過了這麼多年，我們又聚在一起了。」

「嗯，這些年這個城市也變了不少。」大哥語調略帶惋惜的說：「**很多事情也回不去了，但至少，我們也是老樣子吧**。」

我看著頭頂飛過的三隻小鳥，再喃喃自語的說：「剛剛你們說，如果大哥沒有了工作便不是大哥；如果二姊沒

有了那些責任便不是二姊……然後，我忽然在想，」我看著他們的雙眼問：「**如果，我們從來也沒有遇過彼此，我們今天又會變成怎樣呢？**面對不同的人生課題，我們又會怎樣渡過呢？」

對了，你呢？若然沒有兄弟姊妹陪伴你成長，今天的你又會是甚麼模樣？

如果沒有了他們，我的童年不會如此充滿色彩。爭執時不會有怒火中燒的紅，玩樂時不會有眉飛色舞的黃，傷到對方感受時不會有後悔莫及的藍……童年的畫冊早已乾透，但翻揭時的親暱始終依舊。

如果沒有了他們，我不會成為一個懂得分享的人。不管是大要讓細的約定俗成，還是細要聽大的指點命令，我們也互相分享過數之不盡的回憶，亦彼此交換過會心微笑的經歷。

如果沒有了他們，我會失去了一同應付父母的好戰友。童年的自己怎懂得分辨誰是誰非，更遑論要給予父母的苦衷半點同理。偶爾談談長輩壞話，偶爾替對方說句謊話，有手足一起招架，被責罰也不會感到害怕。

如果沒有了他們，我不會這麼從容過渡成長的迷惘。當天空準備塌下，誰不會害怕？但他們總會以過來人的身分把天空支撐，再告訴我萬里晴空外總有蔚藍可期盼。誰的青春不迷惘？但當有人在旁，迷失了也懂得何處是前方。

如果沒有了他們，我不會這麼輕易克服失戀的疼痛。有些說話難以跟父母分享，好比是失戀的情傷。說到心房最破爛不堪的位置時，他們彷彿比我更心痛，大概血比淚水真的更濃。說到餐廳也打烊了，看著我們笑中帶淚的合照，大概我已得到最好的治療。

還有，如果沒有了他們，我想，我怕，我肯定⋯⋯我會感到很寂寞，那份寂寞，猶如極地百里無人只得白雪，猶如夜間漆黑無星只得明月，猶如海洋無風無浪只得寂靜，猶如人兒無依無靠只得自己。

就是因為有了他們，我會害怕，我會難過，我會對過去沉溺，我會對未來迷惘，但是，我從不會感到寂寞。

「好了好了。」大哥印一印眼簾說：「不要再哭哭啼啼了，媽子不喜歡的。」

「對，難得我們三人重聚，就給媽子一個好印象吧。」

二姊也抹去淚水，再看著前方的墓碑說：「媽，你看！我們也過得很好，不用擔心我們。」

「對，我們有聽你的話。」大哥搭著我和二姊的肩膊，笑中帶淚的說：「**成為彼此一輩子的陪伴。**」

如果沒有了他們，生離死別的課題或許會更加沉重。父母因愛傳承的生命如因，手足因愛並肩的同行如果，倘若世間真的有「如果」，我會說，如果將來我有機會為人父母，大概我會想有三個孩子，他們的名字就叫作日、月、星，即使偶爾看不到某一顆的蹤影，但其實大家也在天空中互相引領，在宇宙裡成為對方畢生的傾聽。

如果沒有了你的兄弟姊妹，
你今天的人生又會變成怎樣？
你有多久沒有跟他們
說過一聲謝謝？
或許，謝意無須長篇大論，
只需要一句「謝謝你一直陪伴」。

驚喜派對

為愛的人慶祝生辰，那份意義遠超例行；
為愛的人製造驚喜，那份快樂價值不菲。

這一夜的飯桌，彌漫著一陣沒人敢說破的神秘，沒有細心留意或許會被電視傳來的音頻干擾了眉梢間的蛛絲馬跡，但若然把敏銳度推至最高觀察入微，你或能聽到父親今夜的笑話異常牽強，女兒的和應過於客套，傭人的眼神不敢亂動，還有，太太的味蕾彷彿能嚐到餐桌上刻意添加的味之素。

常說家庭關係猶如齒輪，任何一員的風吹草動，也能把其餘成員的情緒給牽動。

「你們慢慢吃吧，今天工作有點累，我想早一點洗澡休息。」太太抹一抹嘴，再站起來說。

「嗯，你早一點休息吧，浸個暖水浴放鬆一下。」丈夫親切的說。

太太亦報以微笑便轉頭離開飯桌，假裝看不到其他人電光火石間的眉來眼去。

沉默，沉默，直到確定浴室傳出水喉聲，餐桌才傳出一直刻意壓制的竊竊私語。

「好了，現在可以討論了！」丈夫壓下嗓子說。

「現在我們選哪一天和她慶祝生日？」女兒也放輕聲線的問。

「暫定下星期日晚吧，我打聽過她那一天晚上沒有約其他人外出，她五時半完成瑜伽課後便會回來。」父親說，再轉身向傭人問到：「Marie，你那一天回來一起吃飯可以嗎？我遲一點補假給你。」

「沒問題。」Marie 微笑道：「我也想和太太慶祝。」

「太好了。」丈夫看著女兒說:「蛋糕你負責可以嗎？」

「沒問題。」女兒拿起電話記下備忘說：「但是，我應該訂甚麼口味的蛋糕？」

「真是的，連你母親喜歡和不喜歡吃甚麼口味也不清楚。」父親先裝作嚴厲，再一臉自慚形穢的說：「但是，我也好像不知道。」

女兒給了他一個無奈的眼神。

「若然我沒有記錯的話……」Marie 帶點膽怯的說：「我記得太太是愛吃藍莓味蛋糕的。」

「噢，太好了！Marie，你真有太太心。」丈夫好奇的問：「但是，你怎麼如此確定？」

「因為數年前有一次，先生你買了西餅回來給我們吃，當時你和妹妹揀選過後，盒內就只剩餘巧克力和藍莓口味。」Marie憶述著當年說：「那時候太太先讓我選擇，我說我喜歡吃巧克力口味，而她聽後便笑笑口的說：『正好！我最愛吃藍莓口味，我們一人一件不用爭。』大概，是這樣吧。」

「太好了！幸好你記得太太的口味。」丈夫向著女兒笑說：「若然星期日給媽媽買了一個巧克力蛋糕，我們便死定了。」

「必定不堪設想！」女兒搖著頭說：「對了，爸！你有準備甚麼給媽媽作生日禮物嗎？」

「哈，這個當然！」說罷，丈夫便從西裝外套的口袋內掏出了一個信封說：「這些年，她工作也辛苦了，是時候慰勞一下她。」

父親把信封打開，是一張機票。

「嘩，爸爸你這次真是厚禮！」女兒瞪大著雙眼說。

「值得的，這些年她的辛勞，她為這頭家的付出，我們每一個也看得到，感受得到。」丈夫微笑著，再把信封收妥說：「好吧，我想也討論得七七八八了，她也差不多出來了。這樣吧，星期日六點正，我們在家準備就緒，當媽媽一打開大門，女兒你負責把蛋糕捧出來，Marie 你負責把禮物信封交給她，而我便負責拍下短片，記錄她又驚又喜的一刻！你們覺得可以嗎？」

「可以！」女兒和 Marie 異口同聲說。

當浴缸的溫水逐漸排清，客廳的秘密會議也剛好完成，一場因愛已籌備的生日驚喜也即將要上映。

由小時候家人替你插上蠟燭，到長大了你替家人籌備慶祝，渡過了這麼多年的反反覆覆，哪怕那份驚喜難以持續，但當中的心意依然教人滿足，或許待到一天，你不再能夠為愛惜的人送上祝福，你便會懷著當下的雙眼通紅，懷念著昔日的燭光熊熊。

星期日，下午五時五十五分，家裡無燈卻有人，他們也在靜候大門外的腳步聲隨時步近。站在門口拿著手機準備拍攝的父親屏息靜氣，右手拿著打火機的女兒隨時候命，而躲在走廊內的 Marie 亦手執著信封不敢作聲。

沉默，沉默，直到大門傳來了鎖匙碰撞的聲音，籌備多時的驚喜也即將要送上。

「Surprise！」父親拿著手機從門口跳出來說。

「祝你生日快樂，祝你生日快樂……」女兒一邊捧著點燃了的燭光，一邊唱著生日歌從廚房走出來，Marie 亦拿著作禮物的信封從走廊走出來一同和唱。

太太看著他們三人，露出了欣慰的微笑。

「祝你生日快樂！」當生日歌的最後一句也唱完，父親便把客廳的燈光打開，女兒亦雙手把生日蛋糕推前到四人的視線內。

「怎麼……」Marie 忽然神色慌張的說。

「怎麼了 Marie？有甚麼事嗎？」父親對 Marie 說。

「呃……這個蛋糕……」Marie 吞吞吐吐的說：「怎麼買錯了巧克力口味的……」

女兒聽後笑了一笑，再看著 Marie 說：「沒有錯啊！你那天是說巧克力口味的。」

「我……我是說太太喜歡的是藍莓口味，」Marie 開始畏首畏尾的說：「可能……可能我說得不清楚，我才是喜歡巧克力口味，但是……」

「那就對了，你喜歡巧克力口味便對了。」太太輕輕握著 Marie 顫抖的手，一臉溫柔的說：**「Marie，其實今天的這個驚喜，是送給你的。這是我們三個想送給你的生日派對。」**

「啊……這……」聽到這一句，Marie 的淚水已按捺不住，自然流露的流到面頰上。

「Marie，還記得那一夜在我們的『秘密會議』中我說過些甚麼嗎？」父親滿臉和藹的說:「『這些年她的辛勞，她為這頭家的付出，我們每一個也看得到，感受得到。』Marie，我當晚在說的其實是你。」

「謝謝你由幼稚園一直照顧到我今天，Marie！」女兒說，手上的燭光令她的雙眼更是熱淚盈眶。

「Marie，你常常叫我太太，但其實我們早就當你是我們的一分子。」太太輕輕搭著 Marie 的肩膊說：「打開你手上的信封吧，是我們送給你的小心意。」

Marie 感動得說不出聲，她懷著模糊的雙眼和感恩的心把手上的信封拆開，當雙眼再聚焦後，發現手上拿著的是一張機票，而印著的目的地，是她的家鄉，也是她親人在等待著她回家的地方。

「我也是做媽媽的，當然會明白離鄉別井，為了生計而離開孩子的思念和難過。」太太輕擁著 Marie 說：「好好放一個假，回家去探望你的孩子吧。」

「回家吧，你的家人也在等你的。」父親亦雙眼通紅的拍攝著說。

「嗯……謝謝先生，謝謝太太……謝謝你們……」Marie 泣不成聲的說，而眾人也上前給予她一個深深的擁抱。淚水把身分卸下，責任背後她不過是一位跟孩子分離的媽媽；**擁抱把寂寞驅散，以誠相待而不被階級種族所限，原來便是人性的燦爛**。

●●●●●●●●

「媽媽！」孩子拿著電話，伏在母親的大髀上說：「影片內的人便是你在香港的僱主嗎？」

Marie 把電話拿過來，看一看自己捧著那巧克力蛋糕時的真情流露，她輕輕撫著孩子的頭髮，再看著天空，彷

佛能看破界限的笑說：「**不是啊，他們不是我的僱主，而是我在香港的家人啊。**」

飛鳥在天空掠過，不管牠正在往野外覓食，抑或是往家鄉回巢，相信牠也會不惜一切的為了孩子，繼續拍翼，繼續飛翔。

可以團圓的誰想別井離鄉？

放棄了自身的夢想，錯過了孩子的成長，哪怕飽歷風霜，但始終會記得回家的方向，這份堅強，值得被世人敬仰。

你生命裡有過一位
照顧你成長的傭人嗎？
若然仍可跟他聯絡，
不如就給他一個短訊問句好，
告訴他你的近況，
再祝福他未來一切平安。

人生刪除鍵

有些人寧可不曾遇見，有些回憶但願不再糾纏；如果在你眼前真的出現了一個刪除鍵，按下了又會為你的人生帶來甚麼轉變？

常說要「活在當下」，奈何回憶總是在人最脆弱的時候來襲，再用繩索把靈魂拖回過去，沉淪於那從不停低的漩渦裡。大概有時候你也會想，若然沒有發生過甚麼跟甚麼，若然沒有遇上過誰和誰，或許今天的自己會少一點淚水，少一些顧慮。紅色的刪除鍵握於你手裡，你想抹掉哪一段過去？

刪除纏繞著自己的記憶，清空了便不會消極。

以為自己長大了，便會離某些陰影越來越遠，甚至逼真的片段會在夢境不斷打擾，彷彿在提醒你有些恐懼是一輩子也逃不掉。又一個被噩夢折磨的晚上，到底那些恐懼是真實還是想像，到底何時才可停止內傷？

刪除傷害過自己的面孔，忘掉了便不會再痛。

從沒想過那些對白，那些笑容，那些關心……統統也是假的，統統也是劇本的一部分，當他煞科了，而你卻延續這套長篇電影，獨自承受揮之不去的陰影。付出龐大卻成為爛片，難怪你不敢再拿信任作投資。

很痛吧？很傷吧？要決斷到把自己的曾經刪除，大概只是因為你有過一段痛不欲生的過去，甚至這段黑歷史是經由家人的創造和默許。

虐待、家暴、侮辱、暴力、侵犯、踐踏、冷落、中傷、控制、針對、比較、恐嚇……即使未曾經歷，但看著文字彷彿也能感受到那份對心靈的蠶食，以及童年時孤立無援的無力。更何況這些從來也不是寥寥可數的個案，而是比比皆是的真實情況，或許，曾有過這些經歷的人就在你身旁。

如果人生真的有一個刪除鍵，可能你會想立即按下來把噩夢終止，但這個按鍵大概會伴隨著這一句警示：「**把過去刪除，也會同時刪除現在的你。**」

真的，當一個人沒有了過去，他便自然沒有了當下；就是因為過去的千絲萬縷，才會交織出今天自己的所有，當中有笑聲和淚流，有執著和放手，有傷痕和自救……最後，學懂一笑回眸，原來復原過的傷也是一種成就，原來錯過了的人也是一種擁有。

若然過去抹不去，那便學習安然面對。

人生沒有刪除鍵，但經歷過過去的試煉，你自然能夠從容地按下記憶的儲存鍵，好與壞也留待未來一再懷緬。

看著家人給過自己
最傷最痛的記憶，
若然難以刪除，不如嘗試面對。
今天的你回想時有著甚麼情緒？
你又會否把舊事消化再重提，
和當事人心平氣和地
解開一直以來的心結？

一句話

曾聽說照顧自己是自己的責任，曾聽說照顧子女是父母的責任，那麼當父母老了，照顧父母是父母自己的責任，或是子女應要背負的責任？

責任很重，逃避會教人無地自容，面對又會令人筋疲力盡。

「那麼，你會喜歡紅色、白色，還是寶藍色的這一種？」未婚妻坐在我左邊，手上拿著不同的囍帖設計說。

「隨你喜歡吧，反正我也沒甚麼所謂。」我專心的駕著車說。

「我想還是選紅色的好了，你知你爸爸那麼傳統，若然我們真的挑選了寶藍色囍帖，他老人家又會大吵大鬧的了。」未婚妻說，再把寶藍色和白色的囍帖放回紙袋內。

「嗯，好啊，就選白色的好了。」我心不在焉的回答。

「謝先生，請問你剛才有認真聽我說話麼？」未婚妻看著我，聲線帶點不悅的說。

我瞄一瞄她手上的囍帖，再立即道歉說：「不好意思，剛剛在想其他東西。聽你的，就選紅色吧。」說罷我再輕撫她的大腿，示意她不要動氣。

未婚妻把囍帖放於膝蓋上，再翹起了雙手，看著左邊的車窗喃喃自語說：「選甚麼也沒所謂，現在彷彿甚麼也是我處理似的，都不知道你是否真的想結婚。」說罷，囍帖亦不慎滑到座位旁的罅隙內。

我輕輕嘆了一口氣，但只是繼續駕駛，沒有說話。碰巧今天的車內沒有播放著只有她喜愛的韓團音樂，令這沒有了對話的空間更顯壓迫；但慶幸今天的車內沒有播放著只有她喜愛的韓團音樂，令有些醞釀了一段時間的對白可以不被干擾的傳達。

交通燈剛好轉紅，彷彿上天也製造了良機讓我把心事宣告。我輕輕的把前額倚傍著軚盤，深呼吸一口氣後便抬起頭，看著左邊沒有看著我的她說：「不如……我們押後這個婚禮，好嗎？」

有些問題像問題，但其實是一個答案。

「嗯，你喜歡吧。」她回答。

而有些答案像答案，但其實是一個問題。

那次她下車後，是第一次沒有回頭揮手，而那張紅色囍帖一直卡在兩個座位間的罅隙裡沒被拿走。我不知在車內呆坐了多久，終於拿起電話，致電給母親說：「**媽，我決定了回來跟你們暫住了。**」

自半年前和未婚妻求婚後，我們也有共識儘快籌辦婚禮，再按照原定的計劃移民產子，在新國度開展我們的新生活。但計劃也不過是計劃，實踐上來實在有太多因素把計劃增添意外，而人為的因素更會令腰斬的結果增添一份無奈。

三個月前，身形肥胖的父親不慎於濕滑的街道上跌倒，這一跌彷彿令他所有的機能急劇退步，這一跌甚至完全顛覆了所有人的人生藍圖，**原來，當其中一位家庭成員身體出現變改，所有家庭成員也不可置身事外，生活和情緒也會推倒重來，甚至很多原定計劃也要暫時拋開。**

因此，婚禮的擱置並不是因為外來的第三者，卻是因為家裡的第三者。

起初母親也能在家中照顧好父親的起居飲食，但隨著父親的脾氣日益暴躁，加上母親也年事已高，她也漸漸承受不到身為照顧者的壓力。所以，我才決定回到他們的居所暫住，起碼能分擔一下母親的重擔，也能減輕一下心內的自責。

人越大，方發現有些責任雖則沉重，但卻終須背上。

和他們同住的這段時間，彷彿是重新學習和他們相處的過程，當中有很多的新嘗試，亦有很多的第一次。第一次發現父親原來愛看旅遊節目、第一次發現母親原來仍會使用美白產品、第一次留意到他們真的老了很多、第一次留意到他們每天也要吃如此多的藥物、第一次看到月曆上寫上了我和未婚妻的新舊曆生日日期、第一次看到他們的對話紀錄裡把我的名字置了頂，還有他們的桌布是我們十年前拍下的全家福、第一次聽到父親說痛、第一次聽到母親說辛苦、第一次奢望他們不要再老，還有，第一次與父親抱頭痛哭。

那是一個鬱鬱寡歡的晚上，我也不太記得是甚麼原因了，可能是工作壓力，又可能是不慎看到一些會勾起內心痛楚的新聞，但那一夜我和父親的對話卻是刻骨銘心得切膚般痛。

「拿拐杖。」我在飯桌吃著母親留下的飯菜說。

父親於沙發帶點搖晃的站起來說：「不用。」

我的怒火頓時上升，再把雙筷拍在飯桌上說：「我叫你拿拐杖，你不要那麼執著可以嗎？」

於沙發旁的母親也向父親勸阻說：「對，你便聽一聽我們話，拿拐杖吧。」

「我說不用！」父親也躁動起來說：「現在有甚麼事？到廁所兩步路我會走不到嗎？」然後，便一拐一拐的走到走廊的位置。

「隨你喜歡吧！」我聲線帶著怒氣的說：「若然你再跌一次，我和母親也照顧不了你的。」

「好啊，那麼你們送我到老人院罷了！」父親也鬧著脾氣說：**「反正我也是佗手捘腳，到時便不用辛苦你們了！」**

然後，他便進了洗手間，因此，他沒有看到我和母親那一刻的表情，亦沒有意會到他這句話帶來的傷害性。

我很憤怒，但憤怒背後我知道自己是十分難過，亦十分受傷害。我就是知道很多老人院也會差劣的對待長者，我就是知道被子女送進老人院會感到被遺棄和寂寞，我就是寧願自己辛苦一點也不想走到這一步……但是，父親居

然會跟我說這一番說話。他知道我為了他放棄了多少嗎？他知道我每一天因為他而額外背負的壓力嗎？他知道我有多少個星期五晚和週末也沒有社交活動，而跟很多人漸漸疏遠嗎？他不知道，他統統也不知道，他只知道自己有多辛苦，他只知道用拐杖是多此一舉，他只知道……

「嘭！」

在我忙著思考的時候，廁所傳出了一聲巨響。

「爸！」我焦急的叫道，再立即跑到廁所的門前，想嘗試把門打開，但卻發現廁所門給上鎖了。

「拿鎖匙過來！」我向母親說，再一邊拍著門，淚水亦一邊不由自主的流下來叫喊著說：「爸！你沒事嗎？爸！你應一應我好嗎？」

母親連忙把廁所門的鎖匙遞了給我，我用盡身體的氣力抑壓著雙手的顫動，「卡」的一聲，門鎖解開了，我隨即把門推開，看到的，是父親坐了在地上亦光著褲子的模樣。他雙眼充斥著羞愧和無助的看著我，而我亦終於按捺不住，看著父親的嚎哭起來：「為甚麼？……為甚麼你要不聽我說……？我，我真的很累了……爸……我真的很累了……」

那一刻，連我也不知道自己為著甚麼而流淚，是自己的心力交瘁嗎？是父親連穿起褲子也無能為力的唏噓嗎？是明明雙方也愛但卻要互相虛耗的兩敗俱傷嗎？或許，以上皆是，而當我平靜過來想把父親的身軀拉起時，他在我耳邊隱約說了一句「無力」，其後，在救護車上我才知道，**原來，他中風了**。

對父親而言，那是他人生第一次面對這個疾病，但對我和母親而言，又何嘗不是第一次？由父親入住療養院那天起，每一天對我們來說也是一種學習，父親要重新學走路，學說話，學咀嚼，我也要重新學習如何照顧他，如何輔助他，還有，如何明白多一點他。起初我也有點不知所措，但原來當你真正愛一個人，你會變得甚麼都懂，即使害怕也會為對方變得分外英勇。如今，我已經可以輕易替父親抹身、按摩，和餵食……或許雙手能變得如此靈巧，是因為中指上少了一枚訂婚戒指作阻撓。

嗯，她始終離開了，但我沒有怪她，我也想她看到我看不到的將來，換轉是我也只好選擇離開。

「5F 病房，謝俊賢先生。」我拿著父親需要的物資向接待處的姑娘說。

「又是你哦，謝生！爸爸有你如此照料真是幸福。」姑娘隨和的說：「可以進去了。」

我輕輕的微笑，便前往了父親所住的房間，碰巧看到物理治療師替他完成了今天的肌肉訓練。

「爸爸他今天的狀態如何？」我問，再把物資放於床邊。

「很好啊，謝生今天的手部肌肉進步了很多，甚至可以開始書寫了。」物理治療師說。

「真的嗎？」我看一看父親誇獎著說：「你今天這麼厲害嗎？」

「當……當然。」父親看著我自豪的說，但說話還是需要點時間提升咬字能力。

「對啊，他剛剛一小時也十分專注訓練。」物理治療師把紙筆放於桌上再看著父親說：「不如，你寫一次自己的名字給兒子看看你有多進步？」

父親聽後便緩緩坐了起來，接過物理治療師的筆便準備書寫。

這一刻我看著父親，心內不知為何泛起了一份久違的感動，看似是輕而易舉的一個舉動，但對他來說是付出了多少努力才可再次做到的壯舉，但是，我強忍著淚水沒有哭。

「很好，慢慢來。」物理治療師鼓勵著父親說。

父親緩慢的提起筆，再一筆一劃的嘗試寫出自己的名字，當他毫不容易寫好自己的姓氏後，便若有所思的停了下來。

「怎麼了？你想休息一下嗎？」我拍一拍父親的肩膊問。

他看著我停頓了數秒，便搖一搖頭，繼續完成自己的名字，當他完成了第二個字後，物理治療師帶點不明白的問：「嗯？怎麼又再寫一次自己的姓氏？」

那一刻，我再忍不到了，我的淚水已難自控的滴落在父親的肩膊上，因為，我終於明白父親的心意了，他把姓氏再寫一次，原來是他想對我說的心意：「**謝　謝**。」

父親緩緩的回過頭看著我，用他僅有的聲線熱淚盈眶的跟我說：「**謝……謝謝你……**」

或許，父親的康復路還有很長的路程，但至少，我願意陪他並肩走下去。愛令懦弱的人無懼，而我，原來只需父親親口說的這一句。

你最想父母跟你說句甚麼話？
你又最想和父母說一句怎樣的話？
不如，給大家一人一張卡，
再交換這一句
一直沒說出口的密碼？

| Chapter Four |

再會再見

輕裝上路

生命中有很多選擇也難以兩全其美，太顧慮他人或許會委屈自己，太聚焦自己或許會良心責備，好比要留下還是遠飛，當中的千絲萬縷又豈可只憑理性去處理？

「老公，可以轉台嗎？」太太坐在我身旁問：「我不想再看到這些。」

「嗯。」我說，再順道把電視機關掉。

全黑的電視屏幕反照著我和太太的倒影，面色沒有色彩，卻只有對未來的懷疑和無奈。

「媽媽！我刷好牙了！」女兒從浴室呼喊著。

「好的！媽媽來了。」太太從沙發站起來，朝浴室的方向說。

我仍坐在沙發上，看著太太心灰意冷的背影，聽著女兒天真無邪的聲線，難以開口卻不是衝口而出地，我跟太太說：**「親愛的，我決定好了，我們移民吧。」**

太太聽後停了下來，再雙眼通紅的回過頭，看著同樣是熱淚盈眶的我說：「你確定？你放得下嗎？」

「**或許，我放不下。**」我哽咽著回答：「**但是，在這裡也不見得能拾起些甚麼。**」

半年前的這一場對話，改寫了我下半人生的藍圖，亦改寫了我和我的家庭的故事結局。

「所以，就是因為這些原因，我們決定半年後便會離開香港了。」我和太太坐在飯桌旁，神色凝重的說。

「嗯，明白的，決定好便好了。」父親氣定神閑的說。

「對啊，你們不用擔心我們，生活上我們可以照顧到自己的。」母親亦輕描淡寫的回答，再站起來往廚房的方向走著說：「還有誰需要添飯嗎？」

如是者，我三天三夜的焦慮緊張，換來了他們這三秒的神態自若，他們的回應平靜得難以信服，到底他們真的把離別視得輕於鴻毛，還是心底裡有些暗湧難以宣告？

大概由出生那天算起，每一個人的出世紙上也用了隱形墨水寫上了他告別的日期時間。會開始也會結束，這是我們每個人也知道的。有時候也不知道是好運還是不幸，當你有意無意地發現那隱形筆跡忽然變得著跡時，你便會

發現清單上有太多應做未做的事，劇本上有太多應說未說的話，尾指上有太多應兌未兌的承諾，眉梢間有太多應皺未皺的紋理。然後，那一直倒數著的時鐘便會開始傳出聲音，你會開始焦急，會想時間變慢，會奢望每朝也是夏至的白天，會祈求長夜伸延至天荒地老，還有，你和你的身邊人也會開始有著一些微妙的變化。

自把話說破的那天起，我和太太也忙著在即將發生的巨變前站穩陣腳：和公司申請調遷、和女兒的學校申請退學、替女兒的新學校準備面試、替未來的新居所尋找經紀……每一天也忙得不可開交，卻仍要騰出空間見一見仍然重視的容貌；每一天的情緒也波濤洶湧，卻仍要擠出時間抱一抱女兒心底的惶恐。而當眼睛只是聚焦於前方和未來，難免會忽略在背後默不作聲的上一代，我的父親母親，即使知道不久便要和我分隔兩地，他們依然選擇不張狂地等待，不打擾地沉默，以免因為自己的不捨而干預了我這陣子的進退兩難。

原來，不作聲的等待也是一種愛。

就這樣地，距離出發到新天地還有一星期，大概有些屬於舊地的心事也是時候好好處理。

「老爺奶奶，我先回睡房哄她睡覺，你們慢慢坐吧。」太太牽著女兒說：「和爺爺嫲嫲說晚安吧。」

「爺爺嫲嫲晚安。」女兒說，再上前給了他們一個擁抱。是我的錯覺嗎？怎麼他們今夜這一抱，好像擁得比以前更深更久？

青春的秀髮於手心的皺紋間溜走，大概在歲月面前並沒有甚麼是恆久。

「都收拾得七七八八了啊。」母親看著放滿了客廳的紙皮箱說。

「差不多了，過幾天把冬天的衣物抽真空入箱便收拾好了。」我隨手拍一拍身旁的紙皮箱，再坐在沙發旁的矮凳上說。

「真是大工程。」父親說：「想當年，我們三個搬家也是這個情景的，那時的你還是小學生，總是在箱子與箱子間走來走去，只懂搗亂，哈，怎想到今天的你已能夠自己處理好搬屋這種麻煩事。」

我對著父親笑了一笑，沒有說些甚麼。

「時間真的過得很快啊。」母親言語中帶點黯然的說：**「你長高了，我們縮小了，原來，你也真的長大了。」**

大家也沉默了一會兒，只有客廳的鐘擺依舊傳來「撻、撻、撻」的聲音，明明時間不斷在倒數，怎麼我長大了但他們卻變老了？

「爸，媽。」我深呼吸了一口氣，再看著他們問：「我可以問你們一個問題嗎？」

母親看著我的雙眼，停頓，再輕輕搖著頭不發一語。

「呃……不可以嗎？」我帶點失落的說，畢竟，他們可能也未準備好去面對這離別前的愁緒。

「不是。」母親再次搖一搖頭，再一臉溫柔的說：「**只是我們知道你想問些甚麼，而我們的答案是：不會，我們從來也沒有怪責過你。**」

不消一秒，我的淚水已滴到被傢具刮花了的木地板上。

「兒子。」父親亦輕輕握著我的手臂說：「我和你媽媽也明白的，我們從來沒有想過你拋下我們。」

「時代不同了，換轉是我們，大概也會這樣做。」母親熱淚盈眶的看著我說：「兒子，決定了便放心去，你從來也沒有辜負過我們。」

「媽……」我連忙上前擁著母親，聲淚俱下的道出這段時間一直抑壓的心聲：「我……我這陣子也很糾結，很難受……特別是每一次你們替我準備移民所需要的東西時，我看著你們……也會，也會感到很自責。我很怕你們會覺得我們遺棄你們，會覺得我們拋下了你們，但是……但是我真的不是，我真的沒有這樣想過。」

「兒子，我們知道你從來沒有這樣想過。」父親亦抹著淚眼說：「所以，我和你媽媽也從來沒有這樣想過。」

「對，由小到大你怎樣關心我們，怎樣善待我們，我們又怎會不知道？」母親擁著我，再在我的耳邊溫柔細語的說：「媽媽知道你真的長大了，就勇敢一點去支撐起自己的家庭，我們永遠會是你始終如一的後盾。」

「嗯……我知道的了，謝謝你們……」我緩緩離開了母親的懷抱，面容卻哭得一塌糊塗的說。

「好了好了，你看我們哭到甚麼樣子的。」父親印著淚眼笑說。

「對啊，你已是別人的父親了，還哭得像個小孩般。」母親搖著頭，卻一臉慈祥的說：「但是，孩子，不管你去到多遠，有一句說話我想你永遠也記住，可以嗎？」

「嗯。」我看著母親，認真的點著頭說。

「不管將來你的生活過得如何，只要一旦感到難過，感到委屈，感到撐不下去……」母親撫摸著我的臉龐說：

「要記得我們。別忘記你可以隨時致電給我們，因為，在我們面前，你永遠也可以當回那位會哭會鬧也同樣會笑的孩子。」

在紙皮箱的圍繞下，我們三人擁在一起，哪怕這一刻的房子內沒有傢具，只有混亂，**但其實有家人便有家，原來心內有人牽掛，飛得多遠回頭一望，也會知道何處是家。**

●●●●●●●●

「爸爸！」女兒在前往機場的計程車上說。

「怎麼了？」我看著她微笑說。

「你猜待會兒我們誰的行李箱會超重？」女兒掩著嘴巴笑問。

「哈哈，應該是媽媽吧，她有這麼多衣物。」我笑說。

「哎喲，這是甚麼意思？」太太裝作不滿的說：「可能是你的行李最重啊。」

「哈，一定不會。」我說。

「怎麼爸爸你會這麼肯定？」女兒問。

「嗯……因為，」我看一看電話，再摸一摸女兒的頭說：「**因為爸爸在出發前，已經放下了很多了。**」

青馬大橋上，一線陽光打進了計程車內，
它照耀了我心房長年累月的困擾；
照明了我們一家三口的微笑；
也照亮了我的電話屏幕上三代人的雋永合照。

不管此刻的你在本地還是異地，
別忘記對岸總有人一直想你。
不如，
就向那位遠飛了
但心卻很近的某某，
送上一聲把彼此拉近的問候？

天家的裝潢美麗嗎

每一次乘坐飛機，我也偏愛挑選靠窗邊的位置，因為每當客機穿越雲層，我便彷彿能和你靠得更近。

「各位乘客你好，安全帶燈號已經熄滅，現在你可以離開座位，使用洗手間。」

我朦朧的張開雙眼，確定一切也不是一場夢後，便緩緩把遮光板推高，看著眼前帶點夢幻的一望無邊。我凝望著夜空，凝望著雲層，一切也是平靜的，好比是你火化後給我遺下的世界般，也是平靜的，暗淡的，沒有過多翻雲覆雨的。

自你離開後，世界並沒有甚麼不一樣，腐爛的依然是崩壞，荒唐的依然是不解，日出日落依舊分工合作，陰晴圓缺依舊循環不斷，有時候冷鋒會早一點抵達，我便會早一點乍暖還寒；有時候貨件會慢一點送到，我便會晚一點才關掉客廳的燈。這個世界沒有太多人察覺到你的離開，難怪便利店依然通宵營業，難怪報紙檔仍可在天未亮時發佈世事，但是，關於你悄悄沉睡了的這回事，我察覺到啊，我感受到啊，而這些那些也是真實得身歷其景的。

我留意到我身體差了，是因為在外吃得太多味精吧；我留意到我寡言了，是因為大時大節也說少了說了數十年的祝賀語吧；我留意到我寂寞了，是因為再沒有人會記起我的農曆生日吧；我留意到我膽怯了，會不敢太夜回家，會不敢呆望黃昏時的海洋，會不敢談起某些過去，會不敢期待某些日期，會不敢喝得太醉而令回憶變得太真實，會不敢若無其事而令情懷變得太朦朧。還有，我留意到心內多了一個洞，它令我喝下甚麼快樂也瞬間流逝，也令寒流時的寒風任意地穿透我的五臟六腑。

嗯，世界一切如常，卻只有我靜盼年月替我療傷。

天空也未免太寬闊了，我找了很久仍未能看到你現在的新居所。怎樣？天家的裝潢美麗嗎？客廳有擺放著你最愛的桃木茶几吧？天氣轉涼時有多蓋一張暖氈嗎？不知道這一刻的你是在彎月上安躺著，還是於雲海中睡著了？若然，你還未睡的話，我想跟你說一聲想念，我想念家中沙發曾被你坐陷了的那個模樣，我想念清早於茶几上會準時傳來的普洱茶香，我想念你的房間仍有味道和溫度的那張床鋪……**相信，天家的一切也比人間好，不知道人間的寂寞你又會否感受得到。**

對了，你在天家跟你的老朋友重逢了沒有？有約他們去喝茶，去打麻雀，去話當年嗎？你呀，不要趁我不在身旁便放肆的大吃大喝，待再見時，我便會知道你有沒有聽我的話。原來人大了，角色是真的會倒轉的，曾經你對我的囉嗦變成了我對你的長氣，曾經我對你的循規蹈矩變成了你對我的規行矩步。我知我這樣想很傻，但是，若然可以延續多一陣子，我想我們繼續成為那可以治理到對方的唯一，原來，當失去了才會知道能夠被整治是多麼的幸福，因為你會害怕傷害到對方的感受而約束自己，你也會害怕對方無意間傷害到他自己而變得喋喋不休，這些自願與被迫的改變統統也是愛。相信，你在天家重遇祖父祖母時定會追問他們有否胡亂飲食，有否照顧好自己，而你說著這些話時定必是笑中有淚的，**因為，誰不想離別後能重遇自己的父母？你想，我也會想。**

「各位乘客請注意，我們正通過一段不穩定的氣流，請你回到座位上並繫好安全帶，謝謝。」

我連忙繫上了安全帶，而在客機搖擺不定的一瞬，我終於明白：**離別，是一陣子的翻雲覆雨，而思念，卻是一輩子的不穩定氣流**，大概，我總會過渡到雷雨帶，但卻無可避免會反覆經歷情緒的舞擺，可能是寂寞時、失眠時，望天時……直至我的航班也在某年某日安全著陸，我方可把這件畢生的行李拿到你的跟前，解鎖，打開，再和你分享我這趟旅程沒有公開過的患得患失。

看來，航班尚有幾千百里才會降落，我也有點睏了，想稍稍休息一會兒。你呀，便繼續不痛不癢地在天家載歌載舞吧，我會掛念你，但你不用掛心我，哪怕你看到我的黯然神傷，也不過是我用淚水紀念我們的曾經遇上；哪怕你看到我的徹夜難眠，也不過是我用一天裡最誠實的時間來給你懷緬。是有點痛，但我承受得到，甚至我不想這份痛會銷聲匿跡，只因因失去而換來的痛楚，確確切切地證實了我們是如何愛過。

若可從來，我仍然願意為愛而痛。

閉眼前，我緩緩的把遮光板拉下，閉上眼，思量著待會兒又會發著怎樣的夢？再睜開眼，或許窗邊會傳來晨光乍現的一抹暖，若然是這樣的話，相信是你正在回應我對你的牽掛。

天國和人間的距離很遠，但我深信我們於某年某日終會團圓。

望著天，你會立即想起誰？
在他離開時你向他所承諾的事，
你有好好記住嗎？
你有好好實踐嗎？
天空會雨會晴會冷暖，
好比你的思念、會悲、會喜會復原。

放不下便帶著走

當人人也說要放下，是否就代表放不下的人便需要被標籤被唾罵？受過傷誰也會怕，但是難堪的過去就代表沒有當中的價值嗎？

自他離開後，不知已經渡過了多少春秋，但回憶起某些未兌現的承諾仍會內疚，重提起某些常在心的畫面仍會淚流。大概要哀悼的也哀悼夠，你雙手十指緊扣，祈求自己能夠早日放手，但怎看怎望，你彷彿仍未看到哀傷的盡頭。

大概，連當初在你身邊最有耐性的人，也開始不明白你為何對自己這麼殘忍，要繼續執著於過去，要繼續難過落淚，卻不選擇勇敢一點去振作和面對。然後，連你也會質疑自己的胸襟是否不夠寬宏，會鄙視自己的內心是否不夠強大……漸漸地，連你也開始怪責自己，連你也開始討厭由過去走到今天的你。

「都這麼久了，你還是如此執著嗎？」

「生老病死人人也會經歷，怎麼你仍然要強自折磨？」

「你覺得這樣懲罰自己值得嗎？」

一句又一句的反問，好比是一道又一道的傷痕；放不下的人，大概也有著他們難以言喻的難處和原因。

真的，我知道這段時間的你是多麼的努力：努力去重整生活、努力去淡忘、努力去克制自己的情緒、努力去證明自己可以支撐下去……但反反覆覆的煎熬的確存在，只因有期望便很容易會有傷害。

大概，我和你的生命裡也總有一些人事物情是難以放低，可能是擦肩而過的某位，可能是對關係的執迷，可能是關於原則的問題……與其問自己怎麼會放不下，不如了解自己怎麼當初會拾起來。

對啊，就是因為你在乎，就是因為那時拾起來的東西對你重要，而這些信念和價值就是令你變得獨一無二的瑰寶。**若然甚麼也放下了，你便不會再是今天如此獨特的你了。**

生而為人最美好的往往是當中的流動性，你並不需要執著所有，但同時亦不需要放下所有。

太重會舉步艱難，太輕會飄往雲間，人生路從不平坦，但有些重量的人生才能令你保持平衡向前行，原來能夠背負著一些經歷上路也是一種修行與燦爛。

親愛的，別忘記你已經比起當初的自己進步了很多，那些仍未放下的，就容許它們成為你未來旅途的小小提點吧。

把失去化作珍惜，把傷口化作提醒，

經歷令你的步伐更加踏實，當某年某天你的行李為你帶來理想的夢寐時，那一刻你大概會明白：

原來不是自己放不下，而是自己選擇了把某段過去好好留下。

常常提醒自己：你是有選擇的人。
把過去的傷悲、如何處理
是你的選擇；
把此刻的傷痛如何治理
也是你的選擇。
關於哀悼，
你可以選擇最適合自己的方法，
你又有甚麼是選擇不放下的？

離開是為了回來

若然，生命的離開能讓在生的人重新連結，哪怕離別帶來的悲傷會持續蔓延，但至少身旁有肩可以暫時靠倚。

這一夜，大概是我人生中過得最漫長的第二夜。

屋內鴉雀無聲，父親早已睡著了，而我卻坐在客廳的地板上漫無目的等待著，斜孭袋依然掛在胸前，新舊訊息依然沒有回應，在心跳和呼吸之間，我想期待卻不敢奢望，我想害怕卻不敢釋放，時鐘向前但沙漏在倒數，我不知道仍可做些甚麼，我無助，我寂寞，我只能等待。

等著，等著，正當我的心已灰得如燒盡了的承諾般時，灰燼裡竟傳出火光，我的耳邊傳來了久違了的門鎖聲，回頭一看，是一張本以為只可在回憶中才可對視的一張臉。

「哥……」我熱淚盈眶地看著大門前的稀客說。

哥哥喘著氣的走到我的跟前，同樣的坐在地板上，他神色凝重的看一看我，再問：「情況怎樣？」

我一邊搖頭，一邊含著淚說：「醫生說，過不到明天。」

然後，我把手中的小生命交給哥哥重複著說：「醫生說，哈瑞牠過不到明天。」

「妹！生日快樂啊！」哥哥興奮的說。

「生日快樂，祝你身體健康，心想事成。」母親和父親亦向我送上祝福。

「謝謝你們。」我淘氣的說：「我的生日禮物呢？」

「哈哈，早知你會這樣問的了。」哥哥故作神秘的說：「我們早就準備好了，你先閉上眼睛吧！」

我帶著期待的閉上眼，靜候著下一秒的驚喜。

「好，準備好了沒有？」哥哥的聲音帶著笑地說：「一，二，三，睜開眼吧！」

我把雙眼睜開，前方看到的，是一張在文具店唾手可得的廉價生日卡。我努力擠出笑容地接過生日卡，再看著內裡簡而精的生日祝福，強顏歡笑的說：「嗯，謝謝你們。」

「物輕情意重嘛。」父親說：「你已經大個女了，相信你定能意味我們給你的祝福。」

「嗯，收到了。」我說，但表情已僵硬得蓋掩不到因期待而帶來的失落。

「對了，除了生日卡的內容，」哥哥洋洋得意的說:「你有留意卡後我們的署名嗎？」

我悶悶不樂的把生日卡翻揭到背面，再唸唸有詞的讀出卡後的署名：「愛你的家人，爸爸，媽媽，哥哥和哈瑞敬上……」我帶點疑惑的看著哥哥，不明所以的問：「哈瑞？誰是哈瑞？」

哥哥聽後笑了一笑，再看著我戚一戚眉頭說：「妹，你看看你的身後。」

我轉過頭，看到的除了是一臉笑容的母親，**還有在她懷中熟睡著的小狗，而牠的名字，就是哈瑞**。

「怎麼……怎麼？」我難以置信的說，淚水亦莫名的開始從眼眶滲透著。

「因為，」哥哥溫柔的說：「我知道你一直想飼養一頭寵物狗。」

「你真的要謝謝你的哥哥。」父親搖著頭說：「他苦苦哀求了我和你媽媽大半年了。」

聽後，我激動的投進了哥哥的懷抱，再小心翼翼地從母親的懷中接過小生命，在牠的耳邊輕聲細語的承諾：「歡迎你來到我們的家，我們會好好照顧你的，哈瑞。」

相信，每一位主人也會記得第一次和自己的寵物肌膚之親時的感覺吧？那種味道，那種觸感，那種溫暖，是一種時日流轉也揮之不去的深刻，可以的話，真想一輩子也留住這份感覺。

由那一天起，我們的家便多了一位新的家庭成員，而我也因為這位家庭成員，多了一些責任，多了一些牽掛，多了一些回家的原因，亦多了很多快樂的原因。

有時候，看著牠傻傻地玩弄布偶的樣子，總會令我憶起生活的純粹，即使世道昏暗幾許，我也可如牠般懷著赤子之心面對；

有時候，工作累透後回家看著牠向我飛撲擺尾的期待，總會令我有一種被需要的感覺，哪怕在社會承受幾多的委屈和唾罵，牠的微笑也會帶領我回家；

有時候，和牠嬉戲時看著牠如何重複同一玩意仍可樂此不疲，總會令我相信快樂就是如此簡單，忙亂時更要把腳步放慢，身邊有愛可擁抱，自然便有明天可期盼。

當然，我也會有想偷懶和撒賴的時候，會想離港幾天去個旅行、會想留在家中不帶牠散步、會想假裝失明而拖延清潔……這時候，一聲撒嬌的「哥哥 ~」便能把責任轉

移，令我可隨心所欲的做我想做的事。這種偶爾不負責，當過主人的也會知；而這種賴皮的套路，當過妹妹的也會懂。

那段時光任性卻嚮往，原來有人無條件地縱容自己，有人不計較地偏袒自己，也是一種不可多得的福氣。

只可惜，身在福中的人從不會費神把幸福珍而重之，卻只會在幸福不再時把回憶重拼成後悔莫及的悔過誌。

哥哥把奄奄一息的哈瑞放回到地上的軟墊上，牠的呼吸時而急速，時而微弱，我怯懦，不敢直視牠彌留的時刻，但更害怕因為害怕而錯過了牠最後仍有呼吸的階段。

我和哥哥不發一語的看著哈瑞，越是沉默，越是顯得我和他之間的陌生顯然而見。

「嗯。」我首先打破沉默：「你終於回來了。」

「嗯。」哥哥仍然盯著哈瑞回答。

「**原來，比起母親的離開，**」我紅著淚眼地說：「**哈瑞的離開看來對你來說更為重要。**」

三年前，母親因突發性心臟病被送往深切治療部，那時候父親年事已高，而哥哥亦早已失聯，我只好一人背起本可由二人一起背負的責任，一個人坐在病房外等待結果，一個人面對醫生勸我冷靜的結果，一個人處理母親的身後事，一個人治理永不癒合的心內事。

在深切治療部外等待的那個夜晚，**正正是我人生中過得最漫長的第一夜**，三十多個沒有回覆的致電，換來了一人承受的「節哀順變」，那是我生命中第一次覺得自己沒有任何依靠的晚上，我拿著報告踏出醫院的一刹，眼淚仍未懂落下，但內心卻想立即回家。回到家把大門打開，只有哈瑞飛撲過來給我第一時間的擁抱，然後，我哭了，我哭得傷心斷腸了，連我也不清楚那些淚水所流露的成分，但哈瑞卻從不過問原因，只是盡忠職守地給予我最可靠的慰問。

「對不起……」哥哥默默的回答，亦默默的流下眼淚。

「為甚麼你要不回來？」我問：「為甚麼這些年你也不回覆我們的訊息電話？」

「因為……因為我面對不了父母兩老。」哥哥自愧不如的說：「我……我更是面對不了你。」

「所以……你便要一意孤行地把我們從你的生命中完全切割嗎？」我不解的問。

「對不起……那時候的我別無他選，」哥哥悲從中來的解釋：「**我不想連累你們……**」

●●●●●●●●

「妹！妹！起床！」房外傳來了母親的拍門和叫喊，把我從夢鄉中驚醒過來。

「怎麼了？」我睡眼惺忪的問。

「你哥哥……」母親焦急得一面哭一面說：「**你哥哥離家出走了。**」

「甚麼？」我仍然意識模糊的說。

然後，母親把一張哥哥留下來的字條遞給我，上面的數行字便是他給我們的道別語：「對不起，我欠下了巨債，我不想連累你們。請原諒我的不孝，以及我的一走了之。妹，請好好照顧父母，還有哈瑞。」

那一刻，其實我還未分清那是現實還是夢境，但思量了十多年，大概這場噩夢真的是現實吧。自那天起，我們每一天也在等待，等待哥哥忽然出現笑說這是一場惡作劇、等待哥哥會回覆那些數之不盡的短訊、等待某天在街上會重遇一個似曾相識的身影、等待某天怨恨和自責也隨年月灰飛煙滅，然後我們一家可以再擁在一起的時間點。可惜，所有的等待也不過是沒了期的等待，而當父母和我的心也死了，卻只有哈瑞仍在門前，每夜咬著繩索默默的等待，牠深信愛牠的哥哥不會遺棄牠，然後一等，便等了十多年的時間。

●●●●●●●●●

原來時間真的能夠證明一切，哈瑞終於等到了，只是牠等到有些疲倦了，但至少，牠真的等到了。

哈瑞的呼吸聲越來越淡薄了，看來，漆黑的深夜將要迎來一道彩虹，再把這位忠心耿耿的小天使帶回天家，繼續當個健康愛玩的小孩子。

「妹。」哥哥擦著淚說：「我可以問你一條問題嗎？」
「嗯。」我淡淡的回應。
「我想知道……你有生我的氣嗎？」哥哥問道。

我抬起頭深深的呼了一口氣，再看著他如實的說：「有，我有，我當然有。我生氣你為何可以這樣一走了之；我生氣你這些年可以完全失去聯絡；我生氣你頓時間把所有責任也全拋給我……而我最生氣，最生氣的……是……是你為何出事了也不跟我說，不容許我和你一起面對……**你是我的哥哥，我唯一的哥哥，有甚麼事我們不可以一起**

去面對？」我淚如雨下的把多年的鬱結也如實說出，而哥哥亦只有一臉愧疚地無地自容，自覺沒有資格說些甚麼。

我再一次深呼吸，然後看一看軟墊上的哈瑞，想著牠的善良，牠的純真，牠的無邪，再看著眼前的哥哥說：「但是，比起憤怒和恨，我仍然十分想念你，我想念我們曾經無所不談的童年，想念每一次我難過你如何逗我笑，想念我們一起跟哈瑞遊山玩水的回憶⋯⋯**而這份愛，令到我想選擇原諒，若然當年你的一走了之是問題，今天我的前事不計便是答案。**」我緊緊捉著哥哥的手，在哈瑞最後的見證下感慨萬千的說：「**哥，回家吧，我們一直在等你。**」

「嗯，嗯⋯⋯」哥哥哭得說不到一句話，只是不斷點頭，再上前給了我一個久違的擁抱。這個擁抱或許隨年月多了一份滄桑，但卻因久別多添了一份溫暖。

「剛剛你說:『哈瑞的離開看來對你來說更為重要』。」哥哥在我的耳邊說：「但其實，除了哈瑞，**我是為了你回來的，因為我知道這對你來說很重要**。即使⋯⋯即使我當不了一位好兒子，好主人，但至少，至少我仍然想當一位好哥哥。」

若然痛楚是人與人之間的共同語言，那麼原諒便是傷痛與復原之間的唯一橋樑。

承諾，要彼此重視才有價值。隨著我和哥哥的陌生感化為熟稔，哈瑞亦悄悄的停止呼吸，無通無苦地踏上彩虹橋順利畢業。

一位家人的離開換來另一位家人的回來，於哈瑞的告別禮上，我簡單的為哈瑞寫了一張心意卡，下款的署名亦寫上了我們四人的名字，好比是當年生日我收到的生日卡般，哪怕時代怎變，哪怕誰在身邊，一家人的身分始終畢生未變。

當過主人的你，大概也會明白
寵物離別時的切膚之痛。
牠的柔軟，牠的善良，牠那純真的臉
一直長留於你的回憶裡。
若然你可以和牠說一句話，
你會對牠說些甚麼？
若然，牠懂說人類的話，
牠又會回答你甚麼？

遙距戀愛

「親愛的，情人節快樂！」我拿著鮮花對著太太情深的說：「你知道嗎？女女昨天學校的功課，是要訪問父母是如何認識的。然後，我便如實的跟她說『爸爸媽媽當年是異地戀，Long Distance 來的。』，哈哈。」我漸漸收起了笑容，眼神帶點唏噓的說：「**誰又料到，多年後的我們仍然是遙距戀愛，仍然在 Long Distance。**」

說罷，我把百合花放於太太的墳前，看著她永恆的笑容而擠不出一絲微笑。

曾聽說愛情是由陌生人變成愛人，再由愛人變成家人的一個過程，到底要由互不相干的陌路人，走到執子之手的家人，當中涉及了幾多代的緣分？而這份緣分的成立又是幾多條命運線交疊出來的機率？我不知道，實質的數字我真的不知道，我只知道，能在地球八十億人中找到那位和你的心靠近再相印的人很難，是真的很難，那麼，我明白了，要從這麼難得到的緣分中接受失去，接受永別，接受再遇無期……難怪，要面對會比困難來得更為困難，只因那份痛楚大概有八十億噸般沉重。

親愛的，在女兒面前我不敢說，但在你面前我亦不懂說謊，自你離開後，每一天我也過得很難。

在家人面前扮作一切安好，很難；特別是大時大節不再可攜眷出席的聚會，以及喝過一兩杯後便滿腦子也是你的回憶來襲；

在女兒面前控制沉重淚水，很難；特別是她偶爾想念你想到難以入眠的夜晚，以及她反覆問我「媽媽是否不會再回家」的天真爛漫；

在孤獨面前保持理性思想，很難；特別是夜深人靜，只得我一人躺在雙人床，凝望著牆上婚照的時刻，以及又一次夢到你和你再續前緣，但睜開眼卻只剩下一人的筋疲力倦。

或許由認識你的第一天算起，我們的愛情故事便注定是這麼難：要從芸芸裙下之臣中獲得你的注目很難、要克服香港和多倫多的三年求學時差很難、要說服你父母可以把你交託給我很難、要在這個時代仍決定生兒育女很難……這些那些困難我也可以克服，因為那時候我有你，但今時今日要面對你與世長辭的殘酷真相，我也真的需要更多的時間，但懇請你放心，哪怕我不能痊癒但至少我會恢復，為了女兒，我會慢慢好起來的，因為，她是我和你一起創造的結晶，還未提及我每一次看著她時，她的輪廓是多麼的跟你相似。

就這樣吧，就接受未來每一個值得慶賀的時刻，也會有一闋揮之不去的遺憾美吧。

終有一天，女兒會學有所成，錦繡前程。在畢業典禮上，她會在台上拿著證書和校長合照，我會在台下聽著司儀唸出女兒的名字，再想起在你懷胎十月時，我們在客廳如何辯論新生命的名字。倘若你也在場，你定必會為我們的女兒感到很驕傲，而我，也一定會神氣的在你耳邊笑說女兒是遺傳了我的智慧，而你，大概會冷笑一聲，再提醒我當年誰在多倫多的大學拿了一級榮譽畢業。可以的話，真想和你再鬥一次嘴。

終有一天，女兒會踏出社會，投身職場。在辦公室內，她會本持良善和謙虛默默耕耘，因為這些價值觀也是你教過她的，她一定會牢牢謹記。在她工作的時候，我大概會一個人留在家中，會擔心她受到委屈，會害怕她被人排擠，然後便獨自到菜市場買她愛吃的東西等她回家。你還記得嗎？我們三人也愛吃雞翼，以往一隻雞一對翼我們也要爭個你死我活，但從今以後我和女兒也無須再為一對雞翼而爭執，原來生命中有些滋味，是要有人和自己笑著爭過才會回味。

終有一天，女兒會成家立室，比翼雙飛。在婚禮喜宴上，她會在台上流著幸福的眼淚，而念舊的她亦會在致謝辭中提及你的名字和往事，她大概會哽咽得說不下去，我大概會感觸得無言以對，曾聽說聚會間忽然的靜默是因為有天使掠過，那麼當晚致辭時的忽爾留白，相信是因為你這位天使路過，想為你的女兒送上默默的祝賀。穿著白婚紗的她定必會十分標致，因為多年前的我也親眼看過一位和她極度相似的新娘子。

好了，今天便跟你談到這裡吧，我也是時候去接女兒放學了。啊，對了，今早我前來探望你之前，不知為何竟拿出了舊電話，看回那陣時你在多倫多而我在香港遙距戀

愛時所互傳的短訊。你知道嗎？那段時間我和你說得最多的一句說話，來到今天，我發現我也想親口和你再說一遍。

「**親愛的，**」我看著太太墓碑上的遺照，笑中帶淚的說：「**你好好休息吧，我會在這邊一直等你，晚安。**」

時間真是一個有趣的概念，我們用了五秒一見鍾情、用了七天確定彼此、用了三個月情投意合、用了三年互相等待、用了七年執子之手、用了十年相愛相處⋯⋯最後，我卻用了一輩子來反覆思念。

原來世上最遙遠的距離，是人間和天國的時差。

如果你的另一半忽然離開了，
你失去的會是甚麼？
一位伴侶？一份快樂？
一種溫暖？一生期盼？
若然身邊的那位
是你想和他認真走到最遠的人，
大概有些執著其實無須再爭，
有些對錯其實無須再分。

當天氣漸冷

當冷風把枯葉吹起，彷彿在提醒世人又踏進了一年之尾；歲月無情但有理，年末的你又是一個怎樣的自己？

一覺醒來，窗邊傳來的寒意令你不禁想在暖窩中安躺多一會兒。喉嚨帶點乾涸，喝杯暖水讓心神恢復知覺；手腳有點冰凍，添加外套令身體加添溫度。寒風迎面而來令自己分外清醒，看著街上的枯葉凋零，竟想起這一年走近又遠離了的身影，再感嘆著怎麼時間會流逝得如此無色無聲。

「又來到冬季了，怎麼這一年的時間竟會過得這麼快？」

這想法泛起於心裡，你亦開始為時日如飛的不知不覺而感到唏噓。

時日太快，原來身邊所愛的人也逐漸老邁。

這一年的你，有否因為忙著工作忙著收集夢寐的勳章，而漸漸忘了關顧身邊一直重視自己的人？總以為愛自己的人會等，卻忽略了歲月不饒人，曾以為歲月殘忍，但在可以愛的時間不去愛又是否過分？別待自己步進蒼老，才憶起曾經錯過的擁抱。

日月如梭，這一年的自己又有甚麼功與過？

沒有消化過的一年，彷彿是虛度了的一年。只著重這一刻的成就，或許會有未如人意的時候，但若可回顧整年的進步和擁有，這種成長已是一種成就。做得好的，給自己一聲讚許；未夠好的，就讓它成為來年的期許。別忘記，做不到只是未做到，你是足夠的好。

眼前是新年曆的靠近，回眸是踏足過的腳印。這一年的你，就是這樣憑著堅強與脆弱，勇氣與沮喪，受傷與復原……一步一步的走出困局，一步一步的活出更好，一步一步的去定義屬於自己的幸福。

沒錯，時間總是在我們不留神時飛快掠過，當中或許有些片段曾令我們痛苦悽楚，但消化過後仍然有一些片刻值得自己舉杯慶賀，試問這麼有血有肉的一年又怎能說是白費枉過？

時日如暖茶，寒夜裡呷一口更能感受到生命的流動；
歲月如棉襖，容許它送贈暖更能體會到活著的撼動。

氣溫驟降時，大概會特別容易憶起逝去了的某某。還記得在那個只會感到寒冷但未覺得蒼涼的冬天，他總會明知故說的提醒你穿衣保暖、他總會煮著沸騰的熱湯給你溫暖、他總會和你看著滿街的燈飾共度佳節⋯⋯如今，一切只能懷緬，難怪再添幾件厚衣仍然是有種孤清是在所難免。

儘管如此，但回憶總是深刻得存有暖意。

於大街逆風向前，走過的路也是一種磨練。

經歷如暖光般長留心內，冬去春來，下個季度又有良辰美景可期待。

被叮囑了數十年寒冬要添衣，
今天的你是否
已經懂得照顧好自己？
被關心的童年孕育出
懂關心的良善，
當你告別了曾經的幼嫩，
你又會否不厭其煩的
向家人噓寒問暖？

穿越雲層的金線

若然明知有些說話再不說出口便會成為遺憾，你會選擇把握時機說出心內的感受，還是會選擇把對白於心房內長留，讓它腐爛成餘生的傷口？

明明鮮花全盛時的溫度定必最和暖的，但怎麼此刻的我竟會如此寒冷？明明聚首一堂時的派對定必最熱鬧的，但怎麼此刻的我竟會感到冷清？我緩緩的睜開雙眼，彷彿剛才這一覺已跨越了整個時空。眼前是天花板的一片白濛，四肢是置身狹窄的一份擠擁，而耳邊傳來了一陣隔著玻璃的宣告，朦朧間我聽到的是：「**親友們現在可以瞻仰遺容。**」

嗯，對，差點忘了，我已經死了。

活了近一世紀的日子，終於親筆用句點完結了這個故事，哪怕離場不易，也得親口承認自己的人生已到此為止。能活到這個白髮蒼蒼的年紀，已算是不錯的了，畢竟能夠老去也是種福氣，世上有幾多青春故事讀到中段竟被命運忽然斷尾？

世人形容死亡的方式五花八門，有人說我走了，有人說我香了，有人說我離開了，有人說我仙遊了，有人說我與世長辭了，有人說我壽終正寢了……卻沒有人會直接說我死了，就只有我有這份胸襟去宣佈我死了。原來接受自己死亡並沒有想像般的嗚呼哀哉，反而會為整趟人生添上了幾分光彩，因為自己終於完成了名命為「生，老，病，死」的四場比賽。

當競賽對手是時光，哪有參賽者可以獲得獎座？但若然衝線的一刻能深感慶賀，這場競賽已算不枉過。

天花板的純白開始滲進了光影的舞動，看來某些於我生命中深刻過的臉，想在最後一刻親口給我說聲再見。

第一批探頭瞻仰我的，是曾經工作的舊同事。

「老拍檔，那段並肩作戰的日子，我們會好好記住。」

談不上是關係親暱，但總算是在某個人生階段陪伴過彼此衝鋒陷陣，誰是誰的上司下屬已無須區分，只因在死亡面前彼此也平等得很。常說辦公室薄情冷漠，慶幸有過這班同事一起苦中作樂，倘若來生再能合作，就下班後相約老地方碰杯吃喝。

第二批跟我道別的，是我生命裡不可或缺的朋友。

「老朋友……怎麼走得這麼急？我們永遠懷念你。」

沒有這一班人，大概我的一生也會少了很多歡樂，卻多了很多寂寞。真想再青春多一次，讓我們回到世界比較簡單的那時，然後我們大概會多去一次旅行、多談一次心事、多鼓勵對方成為更好的人、多陪伴彼此凝望醉人黃昏，還有，我們會在初次見面時再一次選擇對方，讓這份友誼潤澤彼此本是平淡的故事。是我先走，願你們原諒卻懷念我這位老友。

第三批紅著淚眼的，是上次告別時也紅著淚眼的舊情人。

「親愛的，感激我們曾經愛過。」

隨著成長，這本情史也有過不同的篇章，有些段落大家都傷，有些情節敗於逞強，有些結局難以補償……但來到最終章，舊情化為愛溶化了當年的倔強，告別的禮物叫作原諒。戀人再見不是朋友，而是前度，他們永遠留在一個特別的位置，這稱呼不帶褒貶意，卻永遠為愛過的人烙下獨一無二的意義。再見前度，願彼此記著曾經的好。

第四批泣不成聲的，是同根生的親戚朋友們。

「再見了！我們會照顧好你的家人。」

到了某些年紀，親戚聚首也莫過於大時大節或紅白二事，真諷刺，今年最齊人的聚會，竟是自己的歡送會。想不到話不多的他竟會為我流淚，曾有過節的她竟會一臉唏噓，當前事化作輕煙一縷，方發現很多的怨懟也埋藏愛的根據。隔著玻璃，我難以把諒解向棺木旁的人傳話，我只希望他們這一秒的眼淚落下，會換來下一秒的釋懷放下。

第五批呆望著我的人，是我的孫兒。

「……怎麼，怎麼公公會睡在這裡的？」

怎麼了？第一次看到我這個模樣而感到很害怕嗎？不要怕，這叫作死亡，你們終究也會學會面對的，而在那一天之前，你們大概會面對更多的生離死別，而每一次因離別而來的痛楚，也是你曾勇敢愛過的憑據，所以無須恐懼，卻要感激生命裡曾交織過如此深刻的伴隨。孫兒們，大概我再看不到你們未來的所有豐功偉績，**但別忘記，生命是奇蹟，活著是成就，你的血液裡流動著我畢生所送給你的溫柔。**

最後一批和我永別的，是我的兒女。

「爸爸……謝謝你成為我們的爸爸……我們愛你。」

道別難，跟自己的骨肉道別最難。你們知道嗎，由你們出生的一刻算起，到你們快高長大、渡過反叛、告別校

園、追趕生計、成家立室，再看著自己的子女快高長大……你們的出現也令我的人生充滿了快樂和意義，能夠當你們的父親，是我畢生的確幸，若然再有來生，願我們可以再次碰面成為生命裡最親的人。相信，你們會很痛，甚至會哭多很多個夜晚，但寂寞時謹記向天張望，當你看到某顆星閃耀著光芒，那便是爸爸給你們的附和與守望。

漸漸地，天花回歸了一片白濛，慢慢地，我的視線也被漆黑蓋上了。明知接受永別是如此痛苦，但仍有這麼多人願意前來跟我道別，大概是因為彼此也在對方的生命中留下過一點重量，而這份沉重就是需要透過好好說再見來卸下，再用餘生去把悲傷消化和淡化。

火化過後，一切已成定局，流乾眼淚也留不住灰飛的親人，萬般不捨也捉不緊煙滅的靈魂，軀體和容貌瞬間化成灰，撒於腦海中令回憶也添上了一層沒色彩的唏噓。

沒有人知道這份哀傷會否終究消散；沒有人知道這份空洞會否日漸彌漫，而嚐過失去的人大概也會知道思念便是死亡的附屬品，所謂人生，就是學會接受熾熱始終會化為餘溫。

當我的視線再透光時，我已乘著通往無盡的電梯，到達了比日月星還要永恆的樂土。雙眼的朦朧隨著人間向我道別的聲響遞減而轉清，再聚焦眼前，我看到的竟是前塵的牽絆。

「……是，是你嗎？」我難以置信的說：「老伴！」

「**親愛的**……」她百感交集的說:「**我等了你很久了**。」

我看著眼前畢生最愛的臉，再跑進她的懷中抱頭痛哭的說：「我很想你……我每天也很想你……」

「我知道。」她擁著我說：「我當然知道。」

陪伴了自己大半生的人，其實關係已經超越家人，卻是自己生命中的一部分，難怪當日她與世長辭，我的內心竟被掏空得猶如吞下千根刺，那份空虛更會延續一輩子。

我們坐在雲層，牽著對方的手，談著只有彼此才會明白的事，那份熟悉，那份親暱，彷彿回到我們第一次約會的深刻回憶。

「親愛的。」我看著夕陽陶醉的說：「天國這麼大，真想不到一到達便能重遇你。」

「這不是偶然的。」她微笑的提起我的手說：「你看看。」

我凝望著自己的手心，發現生命線的末端有一條金色的線若隱若現，再慢慢不斷伸延。我跟隨著線的流動嘗試尋找它的終點位置，最後發現，這條金線竟連繫著她心房的位置。

「親愛的，之所以我們可以重遇，」她熱淚盈眶的看著我說：「**是因為你沒有忘記我，是因為你依然想念我**。」她再輕輕提起我的手，把它放於我心房的位置說：「你看看。」

我緩緩的低下頭，當我把手心移離胸前的位置時，心房竟長出了一條又一條的金色線，它們逐一穿越雲層，回到人間，形成了一道又一道金光閃閃的路徑；然後，我仔細看著金線連繫著的終端，接駁著的，是那班舊同事的手心、是那班老朋友的手心、是舊情人的手心、是親戚們的手心、是孫兒們的手心，還有，是子女們的手心。

原來，生命的完結並不代表灰飛煙滅，只因關係是畢生的牽連，只要生命線與心房連成一線，某年某天定可再會重見。

餘暉照遍的地方也閃閃生光，大概只有天空能包容世人的思念和渴望。

人間無數條金線穿越雲層，為天空染上了揮之不去的思念氣氛，難怪夕陽會如此動人，只因它埋藏了天與地藕斷絲連的一世緣分。

你手心的金線
有連繫着天國的某顆心嗎？
夕陽的光線如此溫暖，
因為它記載了你和他的一份緣。
就把生活過好，
待重遇時
讓他為你的勇敢感到驕傲。

| Chapter Five |

遺愛遺傳

父親的禮物

生命中總有一個特別的月份，對你來說會有著特別的意義。可惜的是，這個月份一年只得一次，而每渡過一次便會少一次，當人大到腦海中的回憶沾滿往事，我們終究會奢望時間可停止。

「咦，又到六月了。」在回憶中的某個星期天，父親看著報紙說：「又來到了某某的大日子了。」

一臉童稚的我拋開了手上的圖書，滿心期待的看著父親。

「你呀，又是這樣了。」母親裝作不悅的向父親笑說：「總是寵著你的女兒的。」

「當然，我不寵她可以寵誰？」父親亦毫不猶豫的說：「女兒，這年的你想怎樣慶祝？」

我從沙發興奮的跳起來說：「吃自助餐！」

「你看你的女兒，不知何時和你越來越似，也是如此愛吃自助餐。」母親搖著頭說。

「哈哈，當然！」父親自豪的說：**「因為她是我的女兒啊。」**

我連忙跑到父親的面前，給了他一個緊緊的擁抱。

那年六月，我的生日禮物便是一家到酒店吃自助餐的回憶。然後每一年的六月，我也會和家人一起慶祝生日。生日的燭光由單位數吹至雙位數，生日的願望卻由貪婪化為簡單，人越大，越發現簡單的卻是最重要的，當生命的終點線開始靠近，人生最重要的始終是人。

就這樣不經不覺的過了數十年，我也再不是當年的小孩，父母也比印象中還要老邁，甚至這個城市也變得面目全非，但唯一不變的是，每年六月也是重要的日子，而這個晚上的盛宴，為以後的六月增添了一份新的意思。

「好了，吃了數碟菜式後，相信大家也滿足了，可以迎接這個晚上的下一個環節。」司儀在台上看著我坐著的主家席說：「新娘子的爸爸預備了一些說話想和大家分享，我們事不宜遲，掌聲鼓勵這位新外父上台和大家說幾句心底話，有請！」

父親看一看我給了個微笑，然後便緩緩的走上台，我看著他的背影，不知為何未聽到內容，雙眼已開始被淚水弄得朦朧。

「各位來賓晚安，大家不用擔心，我不會說得太過冗長的。」父親身穿著西裝，左手插著褲袋，一臉從容帥氣的說：「大概，只會說兩小時吧。」

場內傳來了一陣笑聲，父親亦一如以往地露出慈祥的微笑。

「可能大家也會以為我上來是跟我的女兒說些甚麼肺腑之言吧？但不好意思，我跟她已共對了這麼多年，要說的也說夠了，所以此刻已沒有甚麼跟她說，除了是提醒她記得準時交家用。」父親風趣的說，待場內的笑聲靜下來後，他看著我的新婚丈夫說：「所以，就趁著這個機會，我想和我的女婿說一些話，可以嗎？」

丈夫立即正襟危坐的點頭，我亦輕輕撫著他的手臂，笑著示意他放鬆一點。

「首先，歡迎你來到我們的家庭，在未來的日子裡，」父親一臉嚴肅的說：「辛苦你了，要照顧我的女兒。」來賓又一次傳出笑聲，丈夫裝作委屈的大力點頭，而我亦假裝不滿意的揪了他一下。

「很可惜，後悔已來不及了。但是，外父我不會見死不救的，身為過來人，今夜我準備了一些東西送給你。」父親故作神秘的看著我們說：「一共是四份禮物，有了它們，相信在未來的日子裡，你便不用被趕出客廳過夜了。」

丈夫笑著點頭，期待著父親即將送出的禮物。

「**我要送你的第一份禮物是，**」父親從他的西裝褲袋裡掏出一樣東西說：「**是一張紙巾。**」

他舉起這張紙巾，再走到台中的位置說：「我的女兒由小到大也是一個愛哭鬼，第一年上幼稚園差不多天天也在哭、考試小測不合格會哭、看卡通片會哭、學三輪車跌倒了會哭、看到小動物受傷了會哭、跟父母爭執後會哭、到我們房間道歉時會哭……當我和太太也擔心這位女孩會否太軟弱之際，我記得就在很多年前的某一夜，那是我媽媽，即是她祖母病倒入了醫院的一晚，我獨個兒在客廳流淚，她便從房間走出來把紙巾遞給我，那時的她沒有哭，只是默默的坐在身旁安撫著我。那一刻我就知道，我的女兒是堅強，也是善良的。」父親紅著雙眼看著我丈夫說：「所以，未來不管她有任何原因哭起來了，不管是電影太感動、工作太累人、人生太困難……你也要陪在她身邊，不可嫌棄她事無大小也哭起來，甚至不需要刻意問她為何，只需要把這張紙巾遞給她，給予她空間放肆地大哭一場。當然，」父親補充著說：「若然你跟她吃過自助餐，也可以把這張紙巾給她抹一抹嘴上的油污。」

丈夫聽後笑著點頭，而我，當然早已哭得猶如當年的那個小孩般雙眼通紅。可惜父親手上的紙巾只得一張，只因他真摯的分享已感染全場，席間已開始傳出索鼻子的聲響。

「我要送你的第二份禮物，」父親把雙手張開數秒，再拿著咪高峰說：「不是我這件西裝，**而是一個擁抱**。這份禮物的用途有很多，當她懷疑自己時，就用這個擁抱提醒她的自我價值；當她獲取成就時，就用這個擁抱陪伴她分享喜悅；當她迷失方向時，就用這個擁抱鼓勵她活著多好。她出世不久，我便知道她怕冷，所以我才常常給她擁抱贈她溫度，看著她由小不點不斷長大，而我卻開始隨年紀漸漸縮小，未來給她溫暖的重任就交給你了。」父親帶點感觸的看著我的淚眼說：**「當然，假若你某天懷念起爸爸的擁抱，你一聲需要我也會隨傳隨到。」**

我的淚珠早已劃破妝容，掉到我雙手的飾物上。我回憶起父親由小到大給過我的抱擁，就是這份溫暖令我的童年過得如斯美好。

「而第三份我要送你的禮物，」父親輕輕拉一拉耳珠說：「**是一雙耳朵**。要維繫一段婚姻，最重要的是多聆聽，少說話，當然，在場的已婚男士也會認同，還要少駁嘴。」父親俏皮的看一看母親露出了鬼臉，再接著說：「我的女兒很喜歡分享的，你統統也要認真聆聽。有時候，你要給她一些她想聽到的回應，但更多時候，你要給她一些她不想聽到的回應，因為這樣，她才會成長，她才會如你們剛剛誓詞所說般成為更好的人。親愛的，未來能夠陪伴她最長久的人大概便是你了，她上半場的故事我聽完了，那麼下半場的故事便交給你去聆聽了。」父親強忍著淚水說：「**有你替我們去聽她的故事，我很放心，亦很樂意**。」

我和丈夫淚眼對視，而場內的人也被父親的話感動得流淚不止，父親的雙耳成就了我一輩子也說不完的故事，今天的我懂得愛人愛己，全賴於他的無微不至，也來自於他給我的專注和重視。

我和丈夫牽著手看回台上，期待著父親要送贈的最後一份禮物。

「女婿，而我今晚要送給你的第四份，亦是最後的一份禮物是，」父親把手伸進另一邊的西裝褲袋內，搜索了一會兒，再看著丈夫說：「這份禮物，可以容許我親自走下台送給你嗎？」

丈夫聽後立即點頭再站起來，而我亦陪同著他一同站起，等待著父親走到我們面前把禮物送給他。

「準備好了沒有？」父親走到我們面前，一手拿著咪高峰，另一隻手放在褲袋內說。

「嗯，準備好了。」丈夫神情認真的說。

「好吧，就把最後一份禮物送給你了。」父親微笑說，再從褲袋中抽出握著的拳頭，一打開，內裡竟是空空如也的。正當我和丈夫也一臉不解之際，父親忽然把我的手腕抓緊，再輕輕放到丈夫的手中，笑中帶淚的說：「**現在，我把她交給你了，因為我的女兒便是我畢生中最珍貴的禮物。**」

場內的人無一不動容，亦紛紛為父親的講辭傳來了拍掌和歡呼，我亦情難自禁的投進了父親的懷中，如那年那天仍是小女孩的我般，給了他一個緊緊的擁抱。

紙巾可以拭去淚痕，擁抱可以化解怒憤，耳朵可以分擔艱辛……由童年走到新婚，我所擁有的大小禮物也是由父親親身送贈。

或許父親從不知道，每年生日我說要吃自助餐，不是因為我喜愛，而是因為自助餐是他的最愛；他的心裡總以為自助餐是為我六月生辰而設，但我的心裡卻是為了慶祝屬於他的父親節。

餐後一分為二的紙巾，是我和父親交換過的溫柔，也是父親和我分享過的細水長流。

對，細水長流不止是愛情，只因親情也需要用歲月來作見證。

你有好好了解過自己的父親嗎？
你有甚麼部分最似他？
他有甚麼優點最令你欣賞？
你們有多久沒有好好聊天？
把父親的愛視作厚禮，
你會想用甚麼作回禮？

紅白的意義

關於家族的故事，往往是由紅白二事來定義。

「好，看過來這一邊！小朋友們可以坐在長輩們的前方；最後排的親戚朋友麻煩站高一點！手抱著寶寶的要站出一點，很好很好，準備好了，三，二，一，笑！」卡嚓一聲，攝影師於喜宴上記錄了我整個家族的合照。

面對關係，我們總是後知後覺的，好比是那張堆滿人臉的全家福。這一類照片我們誰也拍過，但願意把它珍而重之的卻不多，無他的，雖說是親戚，但很多面孔也生疏得猶如陌路的角色，一年或許只有兩三次例行公事才會碰面，寒暄過後又不知該用甚麼話題來化解尷尬場面，甚至於社交平台也從未關注過彼此。

真奇怪，明明名義上是如此親近，但感覺上卻又如此陌生，親愛的親人，是甚麼原因令彼此難以靠近？

這些那些關於親疏的問題，我也嘗試在成長中尋找答案，而一半的答案，可以在紅事中找到。

囍帖是紅色的，利是是紅色的，新娘的裙褂是紅色的，主家席的枱布是紅色的……小時候的我很期待看到這些紅，或許是因為那時還未有金錢的煩惱，只知道晚宴會令人大飽口福，卻完全忽略了台上一對新人的互動，亦未能理解交換戒指所象徵的白頭到老。那時候的我對於台上的東西完全投入不到，滿腦子只想著果腹，更不明白為何他們說東西時會忽然如此感觸。

漸漸地，當我大到了某一個年紀，當杯內斟滿的不再是可樂的氣泡，而是葡萄酒的一抹紅，坐在台下的我會開始和台上的人多了一份微妙的連結，可能是因為自己也在情場中受過傷、在緣分裡與對的人擦肩而過、在愛海內浮浮沉沉也找不到彼岸……正正是這些原因，哪怕自己和台上的一對新人不算親密，但仍會被他們眼中的、口中的、手中的愛所感動，雙眼會無意中泛紅，襯托著主家席上一眾長輩喜極而泣的面孔。

於紅事裡能夠和親人連結，是因為大家也曾於愛與被愛中患得患失，如今能見證對方譜寫屬於自己的幸福，彷彿在提醒自己經歷並非徒勞，美滿的愛情是需要一些擦損作預告。

「嫲嫲這張照片的微笑很慈祥。」我看著照片說。

「嗯，她看著我們時，總是這個樣子的。」父親唏嘘的回答：「總是能感受到她的溫暖，哪怕是這張黑白照。」

嗯，而另一半的答案，可以在白事中找到。

靈堂是白色的、信封是白色的、花圈上的百合是白色的、家屬麻衣下的衫褲是白色的⋯⋯小時候的我很害怕看到這些白，我會懼怕那些紙紮布偶的神情、會害怕從嗩吶吹出來的驪歌聲，更會害怕看到大人們哭得斷腸的情景。好比紅事，那時候的我對於眼前的傷春悲秋也是同樣投入不到，滿腦子也是想往室外逃，反正逝去的人和自己的關係也不算深刻友好。

漸漸地，當我大得頭上也開始出現幾分髮白，當我大得要以個人身分出席不同人的喪禮後，哪怕我仍未明白命運的故弄玄虛，至少我明白面對生離死別的恐懼是如何揮之不去，即使是去到哪一個年歲。

每一次出席白事，也是對活著的一份反思，抹去淚水後選擇踏實的、謙恭的、著跡的過日子，大概是對逝去者的一份尊敬和重視，只因這份提醒是他們用上一輩子的時光向在世的人告知。

即使未去到對恐懼免疫，但隨著每一次的出席，白事在我的心目中亦有著逐漸遞增的價值。

就是在這個場合⋯⋯

我會看到親戚朋友們聚首一堂，為曾經的相遇眼泛淚光地慶賀；

我會看到某些親友間的心結可以暫時擱置，互相給予的擁抱溶解了多年的刺，只因在死亡面前，當年的怨恨也不足掛齒；

我會看到一些年老的長輩堅持從外國回來跟亡者道別，哪怕逝者難以親口回禮，但對家屬而言卻是一份溫柔的安慰；

我會看到一些年幼的晚輩坐在一旁不發一語的看著遺照，或許這是他們人生裡的第一堂生命課吧？我會坐到他們身邊承認自己也恐懼，再捉著他們的手說聲「共同面對」。

當儀式完成，一直灰濛濛的天空也終於放晴，而大家也彷彿把一塊沉重的石頭弄碎了再互相分擔，這石塊或許會在未來的日子裡令我們絆倒再流淚，但相信經歷過年月的洗禮，這塊石塊將會化成智慧，叮囑我們活著的真諦就是要無悔無愧。

這一次的暫別，不知道要留待多年後的紅白事才可再見，看著不同輩分的家人們逐一離去的身影，我彷彿明白了一個道理：

原來過往的自己於紅白事難以投入，是因為那陣時的自己未懂代入。

若然我能代入一對新人的角度，我會發現自己不止是來吃東西的賓客，而是於眾人見證之下宣告和身邊人廝守終身的夫婦，而那份喜悅是願意跟對方同甘共苦；若然我能代入死者家屬的角度，我會發現自己不止是來鞠個躬的賓客，而是剛剛失去了一段刻骨銘心關係的家人，而那份悲傷是足以跟自己共渡餘生。

原來自己一直對親屬關係抽離，是因為自己一直對生死缺乏同理。

上一代的人，少一個便少一個，而漸漸自己也會變成上一代。到了那時，或許我終有資格於喜宴坐在中間的位置，而圍繞著身邊的統統是我這一輩子血脈相連的面容。

或許，在他們的眼裡，身邊的家人是相當的陌生；
但是，在我的眼裡，身邊的家人卻是我的整個人生。

紅白二事記載了整個家族的故事，四季循環枯榮有時，生離死別總有家人共勉之。

有沒有一位親屬
是你想和他重新連結的？
其實修補關係
無須要等待紅白二事，
有心的，
最好的時機就是此時。

同一月光下

舉頭是圓月，低頭是心酸；中秋佳節常說團圓，但當想念的人如月球般遙遠，重情的你又怎能掩蓋雙眼假裝不說？

年中總有些節日，是會有意無意地撩亂你的敏感神經，讓你想起有些過去難以再追，教你望著星月惋惜唏噓，令你一人靜下來時會不禁黯然垂淚。錯過了今年的月兒，大概明年中秋便可再看一次，但當重視的人告別擦肩，大概那份思念只會揮之不去一輩子。

「怎麼了？你在那裡過得好嗎？」你看著今夜的月圓，情難自禁的喃喃自語。

當年於公園同嬉戲，今年的身旁人已面目全非。

還記得拿著月餅盒到公園點燃蠟燭的歲月是多麼的純粹，亦記起提著燈籠手牽手步過海旁的晚上是多麼的悠然。

如今，很多親戚朋友已不會再聚首，很多懷舊面孔也如水中月般難以擁有。月亮的圓從未變，但變質了的承諾已不能再兌現。

當年的月餅共分享，今年點燃的卻是一炷清香。

明明他不能吃太甜，但佳節總是破例的時候，看著他吃下月餅時露出如小孩般的笑容，你也不其然的感到動容。自他離開後，月再圓也始終朦朧，今年的月餅切出一角為他預留，好比你的內心也因為他而徒添了缺口。

當年於月夜談心事，今年分隔於兩地倍感相思。

節日也不過是聚一聚的藉口，無需要佳餚美酒，能碰面談心已多於足夠。曾以為月球和地面的距離相差很遠，但原來人間的最遠卻是時差的分隔。同一刻抬頭，你看到圓月他卻只看到白天，下一刻聚首，已不知是多遠的以後。

月光殘酷，因為有些美好遙遠得難以觸碰；
月光溫柔，只因她柔軟地安撫著我和你的傷口。

原來月兒的陰晴圓缺，也好比思念的濃淡有時，大概我們得接受有些懷念會延續一輩子，因為曾經的邂逅深刻得如刻在心裡的字，它們亦隨年月匯集成畢生掛念的詩。

同一月光下，總有些人教我們時刻惦掛，當情感來襲，若然逃避不了便好好面對吧。承認自己仍會難過，只因彼此曾經著跡地遇過，愛過，投入過。

下一年中秋，誰可保證身旁的人仍會依舊？

或許會有人好奇外國的月光是否特別遠，或許會有人向他人投懷送暖，或許會有人與世長辭奔往嬋娟……那麼，我們不如好好捉緊這一秒，和重視的人共享這人月兩圓的心跳。

看著圓月會如此感觸，除了是因為明月照亮了夜空，還有你彷彿能看到他在圓月上向你微笑的臉孔。

別忘記，同一月光下，最重要的是仍可團圓的當下。

或許，你也曾嫌棄過
某些傳統節日的例行公事吧？
但當某年春節，
再沒有喧嘩吵鬧的熱烈；
某年中秋，再沒有團聚團圓的聚首，
你想，
你又會否懷念、
昔日曾嫌棄過的大時大節？

你有不出席家庭聚會的自由

歡度佳節彷彿是約定俗成的平常事，但若然你有你的原因拒絕慶祝不露面，其實也無須為此而感到介意。

「元宵節一定要團團圓圓！今晚見！」
「明晚的飯局怎可以缺了你？約定你明天見！」
「表弟表妹說很期待見到你！一定要來喔！」
「一家人要齊齊整整，你總有辦法來到的！」
「你不出席的話我會很難過的，我們是一家人嘛。」

當某些節日漸漸步近，當某些訊息漸漸增多，或許你的內心會開始醞釀出一種無形的壓力，你看著家庭群組的步步進逼，思量著是否所有家庭聚會也務必要出席？

可能你剛經歷了生老病死，那便無須刻意裝作歡喜。

不管是家人年老行動不便、身心生病難以避免，抑或是摯愛逝去化作輕煙……當生命充斥難以面對的事，要掛

上笑容慶祝又談何容易？開不了心的便好好消化愁緒，年末的你接受不快，或許來年的你便可早日釋懷。

可能你這陣子也身心俱疲，那便趁著假期照料自己。

是工作令你筋疲力盡，還是深刻過的關係事令你感到被掏空？無論如何，認真工作的你也值得認真休息，給自己的身心靈一點慰藉。倘若聚會令你未去先累，那便理直氣壯的堅拒，只帶軀殼出席的派對，怎能媲美讓靈魂休息的入睡？

可能你純粹想和自己獨處，那便給自己最大的關注。

在門上掛上「請勿打擾」，把手提電話果斷關掉，今夜便容許自己和自己一人逍遙。看一部歷久不衰的經典電影、喝一杯清酒暖茶或巧克力，再回顧生活給自己一點讚美……好與壞也欣然接受，成與敗也感激回首，只因你是你最好的戰友。

無須擔心過節寂寞，忠於自己便可自得其樂；
無須害怕拒絕邀請，愛你的人總會明白領情。

不要緊的，每一個人也會有不在狀態的時候，每一個人也會有需要獨處的時刻，不管是甚麼原因，你也有權選擇怎樣渡過不同的節日，你也有不出席家庭聚會的自由，與其不情願地在家人面前擠出笑口，不如誠實一點聆聽心中的感受。

拒絕家人也不會令你成為一個壞人，卻學習好好表達自己不出席的原因，別忘記「坦誠」是溝通的主要成分，誠實面對彼此才能把關係拉得更近。

你是一個獨立的個體，
無須長時間被捆綁得自責自愧。
學懂和家人好好表達自己的想法，
你有活得不委屈的自由。
倘若你一直認為家人難以面對，
不如先釐清自己心底裡有哪些恐懼？

母親的禮物

人生只活一次，而每一天也是那一天的第一次；生命的意義，是你總可以選擇重新開始，只要你願意，只要不太遲。

「老細。」我把信件放在上司的工作桌上說：「我要辭職。」

上司瞄一瞄桌上的辭職信，再看回電腦屏幕，按著鍵盤說：「別跟我來這一套，拿回去繼續工作吧。」

「我想清楚的了。」我嚴正地重申：「我要辭職。」

上司停下了打字的動作，再看著我說：「辭職？你知道現在的經濟有多差嗎？我敢保證，你出去一定找不到現在的工資和職位！回去繼續工作！」

「我明白，但是，我真的想清楚了。不好意思。」我微微的鞠躬，再回過頭準備離開上司的房間。

「你站著！跟我立即回來拿回你的辭職信，再回去你的辦公桌工作。」上司站了起來，語帶憤怒的說。

我沒有回頭，卻默默地向前步出上司的房間。

「我警告你！你跟我立即回來！」上司咆哮著說。

但是，我繼續踏前。

「我說停下來！你現在要去哪裡？」上司繼續嚎叫。

那一刻，我背著上司停下了腳步，腦海卻想起了當日的一抱。

●●●●●●●●

「麻煩你醫生。」我說，然後便推著坐於輪椅上的母親離開。

步出複診的房間後，我左手推著母親的輪椅，右手卻忙著回覆剛才於複診期間錯過了的電郵和訊息。到達升降機前的位置後，我按下了「向下」的按鍵，雙手便連忙回到手機上的輸入鍵。

「仔，你吃午飯嗎？」母親看著上方顯示樓層的紅燈說。

「不了，要回去工作。」我看著公司群組內此起彼落的訊息說。

「忙，但也要吃東西嘛。」母親回答。

「這句話你跟我上司說吧。」我苦笑著說：「他就是這麼瘋狂，這麼不受控制的，我可以怎樣？」

除了上司，說起瘋狂，說起不受控制，大概還有母親的病情以及她體內的癌細胞。本以為數年前化療後的痊癒是噩夢的閉幕，怎料到上年年底複診後的復發才是折磨的揭幕。原來不管一個人的求生意志有多強，面對持續不斷的五勞七傷，也始終會有想退出這場沒有勝算的仗的念頭。

旁觀角度並不能體會母親的痛，因此她的最終決定我也得尊重。當她在年頭跟主診醫生確定了意願，倒數的時鐘便正式開始起跳，由那一刻開始，她的生活彷彿突然明朗了，吃她所愛吃的，見她所愛見的，每一天也當作沒有明天般地過，再睜開眼看到晨光便算是多賺了一天的時光。

母親面對死亡的態度比我想像的豁達和積極，反觀自己心內卻有一種未能定義的擠壓感難以名狀，那種感受是甚麼？是傷悲嗎？是不捨嗎？是內疚嗎？還是……

「叮。」電話響起提示，提示我又要回到工作了。

當私人生活困難得教人逃避，沉溺於工作也算是一種抽離，把自己累壞得筋竭力疲，便沒有額外的精力時間承認傷悲。

門打開了，我一邊看著電話，再一邊把母親推進升降機內，按下「地下」按鍵，雙手便迅速回到電郵上的送出鍵。

升降機內只得我和母親兩人，空間狹窄加上充斥著一份人為的沉默，令我有一份不自在的感覺。我低下頭打著訊息，但內裡卻又心不在焉，輸入，刪除，輸入，刪除……過了一會兒，我抬頭看一看顯示器，發現怎麼會停了在三樓的位置？我按一按開門鍵，沒有反應；我按一按其他樓層，也沒有反應，那一刻我終於意識到：**我們被困於升降機內了。**

我立即按下「警鐘」按鍵，母親卻在一旁靜靜的看著我，不消數秒，揚聲器傳來了聲音：「先生你好，我們已聯絡消防處了，請保持冷靜等待一會兒，很快便會有人前來協助你們。」

我看一看手錶，再看一看手機右上方的「沒有訊號」，也只好無奈的嘆一口氣，把電話放回口袋，靜待消防員的營救。

「真是倒楣。」母親皺起眉頭說：「希望快一點有人來吧，不然你工作便會遲到了。」

「希望吧，也沒甚麼辦法。」我懊惱的回答，再緩緩坐到地上等待。

「唉，害到你遲到。」母親帶點自責的說：「真是不好意思。」

「呃……又別這樣說。」我也帶點不好意思的看著母親說：「意外沒有人想的，應該很快便可離開的了。」

那一刻，我直視著母親的雙眼，而她亦漸漸掛上微笑的說：「**原來，我也很久沒有這樣看過你的臉了**。」

我沒有說些甚麼，但心內那一直難以名狀的擠壓感彷彿突然間被悄悄鬆綁。

「這陣子，你看似工作很忙似的，是嗎？」母親問。

「嗯，的確很忙。」我說，雙手自然地抱著雙膝。

「我知道啊，每次見你也是對著電話忙東忙西的，甚至，這兩年你連最喜歡的旅行也沒有機會了。」母親說。

「嗯，對……有假期也不敢請來去旅行，真是社畜。」我苦笑說。

「工作不會完的，趁年輕，要多出外走走，還記得讀大學的你，一有空便會搶機票，背個背包出走。」母親回想著說。

「對，那時候沒錢但有自由；有時候，我也會懷念那個自己。」我也回想著說。

「懷念他便去找回他吧。對了，若然可以給你一個旅遊機會，你會最想去哪裡？」母親笑問。

「假設老細一定會批假期嗎？」我笑著反問，而母親微微的點頭。

我抬起頭看著升降機內的白光思索了一會兒，再看著母親說：「**我想去看極光。**」

母親聽後點點頭，再問：「既然目的地有了，怎麼還不去？」

「怎麼可能？老細不會批准的。況且，」我輕輕擁著雙膝，聲線放輕了的說：「**我……我想和你一起去。**」

「嗯……」母親輕輕的回應，或許，她也不知道要如何回答。

一陣難以面對的沉默流過，卻沒有人能夠離開這個空間。我緩緩的低下頭，前額靠了在雙膝上，不知為何，這一刻的我覺得很脆弱，亦感受到最內心深處有一位小孩掙脫了擠壓而向前奔跑，一邊跑，回憶一邊湧現，當他跑到了此刻的時間點，我彷彿能看到那張似曾相識的臉，他的右手撫摸著我的臉龐，左手卻是牽著另一位熟悉的身影，一看，原來是那位還未患病，一直把我照顧大的母親。這個她很溫暖，是記憶裡最溫暖的回憶，他們兩位一起擁緊著我，再在我的耳邊溫柔的說：「**可以了，你可以放心哭出來了。**」

然後，我便在靜止的升降機內放聲地哭了出來，無修飾的、無遮掩的，把這些年一直壓抑的悲傷傾盆而出地哭了出來。

「怎麼了？孩子。」母親坐在輪椅上，紅著眼地問。

「為甚麼……為甚麼……？」我仍是伏在雙膝上哭訴說：「為甚麼終於到我有能力可以帶你出走時……你便……你便不可以跟我同遊？」

「別……別難過……」母親亦難掩悲傷的說：「媽媽知道你一直也有我心的，媽媽知道的……」

「我一直很努力，很努力工作，是因為我想賺多一點，給你更好的生活。我知道……有時候的我不懂得表達自己，下班後一回到家便不發一語，你多問一兩句我又會感到不耐煩，但是……但是我知道你是想關心我的。」我悲痛欲絕的說：「對不起……對不起我曾說過一些傷害你的話，而當我想補救時，你又……你又這樣了……我……」我哭得說不下去，特別是一想起母親已時日無多時的無奈。

「傻孩子，你現在說了出來，不已是一種補救了嗎？」母親流著淚水，再把輪椅駛前到我的身邊說：「其實論對不起，媽媽也想和你說聲對不起。我何嘗沒有一些語氣不好的時候？小時候會拿你跟其他人作比較，到你長大了，應放手時又會因捨不得你離開我而給你一些限制，有時候又會衝口而出說了一些傷害到你的話……**然後我發現，自己很想愛你，但有時又不懂得如何愛你**。甚至，我發現……我發現自己有時也會有自私的時候，然後，會無意中令你感到難受……所以……對不起。」

「嗯……不需要說甚麼對不起……」我緩緩的抬起頭，以手袖抹著淚水說：**「畢竟，你也是第一次當母親的。」**

「嗯，對啊，所以……你也不需要和媽媽說甚麼對不起。」母親輕輕撫著我的臉說：**「畢竟，你也是第一次當我的兒子。」**

「媽……」我帶著翻滾的淚眼，站了起來，擁著母親說：「我捨不得你……」

「孩子，我也是，我也捨不得你。」母親如往昔般撫順著我的頭髮說：「但是，這份不捨雖則會令人難過不安，但卻代表我們是如何珍惜著對方。孩子，你要記住，**會為離別感到不捨，才是每段關係裡最難能可貴的終點。深刻的除了傷痛，還有滿滿的愛。**」

「嗯……知道了……」我如小孩般在母親的懷中哭著說。

最後，母親輕輕把我臉上的淚痕抹掉，再破涕為笑的看著我的雙眼說：「雖然當媽媽是我的第一次，但是卻是最圓滿的一次，因為這一次，有你當我的孩子。若然可以再選擇，我也會奮不顧身地選擇你。」

「嗯，我也是。」我堅定不移的說。

「孩子，別忘記，你是有選擇的。」母親語重心長的說：「歲月一去不返，別待到盡頭時才唏噓一句回頭太難。**別待到冰川全部溶化時，才驚覺自己原來想親眼看一次極光。**」

大概未來我仍會牽掛，但寂寞時大可隨時回憶起今天的一席話；而母親某天能沉睡得無牽無掛，也全賴這次以誠相待的對話。

升降機們漸漸被撬開，暖光從外面打出來，消防人員伸出手，再憂心忡忡的問：「你們還好嗎？有沒有受傷？」

「我們很好，沒有受傷。」我看一看身旁的母親，再微笑著說：**「相反，我們也治療了彼此。」**

訊號恢復了，手機立即傳出無間斷的聲響，那一刻我才明白，原來要和愛的人重新連結，需要的不是流動訊號，而是打從心底的眼神接觸。

「我警告你！你跟我立即回來！」上司咆哮著說。
但是，我繼續踏前。
「我說停下來！你現在要去哪裡？」上司繼續嚎叫。

那一刻，我背著上司停下了腳步，腦海卻想起了當日的一抱，然後，再鏗鏘的回答：**「老細，我要去看極光。」**

「真是胡鬧，怎可以說走便走？」上司怒不可遏的罵道：「你的家人有教你要負責任的嗎？」

「當然有，我的家人就是最想我當一個負責任的人。」我回過頭，直視著上司的雙眼言之鑿鑿的說：「**但是，是為自己的人生負責任**。再見了！」

我記得的，我有放在心裡的：**別待到冰川全部溶化時，才驚覺自己原來想親眼看一次極光**。

母親，我做到了，我為我只得一次的人生選擇了。

倘若此刻的你看到，但願你會為我感到驕傲。

你有好好了解過自己的母親嗎？
你有甚麼部分最似她？
她有甚麼優點最令你欣賞？
你們有多久沒有好好聊天？
把母親的愛視作厚禮，
你會想用甚麼作回禮？

人人有責

人生充斥疲累，是否因為在這個家裡，你擔起了太多不屬於自己的期許？

旁人愛說的「能力越大，責任越大」，美其名是給你的一聲開解，實際是把你肩上的壓力倍大，再一步一步把你的身心瓦解。被壓垮在地上之際，纏繞著你良久的責任依舊揮之不去，你發現每種責任也附上一個標籤，但標籤上卻沒有寫上你的名字。

你問，今天的心累透支，到底是因為家人的自私，還是自己的心軟所導致？

家人的爭執，你沒有責任把殘局收拾。

父親於餐桌掀起罵戰，兄妹於客廳互相抨擊，父母於群組互相角力……然後，當大家的眼神轉移給你，你便彷彿沒有選擇的餘地，要擔當和事佬的身分被迫參與處理。手掌手背也是肉，大概每位中間人也有著幫與不幫的矛盾。

家人的情緒，你沒有責任替對方流淚。

任何一位家庭成員難過了，你便跟隨他們的情緒一起難過，想盡辦法希望他們能重拾笑臉，甚至給自己的生活帶來困擾。表示明白，傳達同理，並不代表要沉淪於痛悲，擁抱他人同時保持一寸距離，也是助人者的一種自理。

親愛的，在你的家庭關係裡，到底背負了多少不屬於自己的責任？

不屬於自己的責任要學懂拒絕處理，被他人纏繞的情緒要學懂適時抽離，而更重要的，是在學懂愛人的同時也要學會愛惜自己。

你是你，家人是家人，兩個個體並不需要時常捆綁。

不是要你只顧自己目中無人，而是承載別人前先要檢視自身；若然責任總是過於傾側，過度的依賴只會令你委屈，長遠來說對雙方也是懲罰。別總是把家人的情緒視作自己的責任，每個人也有責任去處理好自己的生活；你可以在岸邊伸出援手，但並不一定要墮進海中進行拯救；對方可以把情緒向你投放得喋喋不休，但你並不需要全數接受再據為己有。

握緊著花蕊，再美的花也難以盛開得陶醉；
成長需要空間，太接近只會把生命的可能性扼殺。
就讓界限為你把守，就還給對方處理自己的喜怒哀愁，只因無條件接納並不等於要無限量接收。

幫助家人分擔責任是仁慈，但在自己不勝負荷的情況下依然把責任背上，卻是對自己的自私。

畢竟每人也有自己的人生，為自己著想一下其實不算過分。

若然你在家庭互動中會感到虛耗，
不如容許自己靜下來把責任分配好。
是你的，把責任承擔；
不是你的，把責任歸還。
即使是一家人也需要有各自的界線，
關係過於重疊只會令雙方也中毒。
在家庭中，你的底線和邊界是甚麼？

來生再做一家人

有光才會有人，生命順著光而生，同時，也隨著光變更。

終於來到這一刻了，生命中所有的緣分和關係也化作了光，再形成一道通往來生的隧道。很快，這一生遇過的人也成前塵，這一生的愛與恨也不留痕，在回憶逐點逐點消失之前，有哪位誰存活於你的淚水裡，令你想回頭說聲來生再聚？

沿著這條隧道回顧人生，方發現自己有過不同的身分。

很快，你再不會是誰的子女。

就承認彼此也曾令對方哭過笑過受傷過，但心內卻有份愛難以分割。他們不是最好的父母，但他們有努力給你最好，若然誰負了誰的問題過於深奧，不如簡單一點，就只記住曾經珍重過彼此的那一抱。再見了父母，謝謝你們讓我看過世間的美好。

很快，你再不會是誰的兄弟姊妹。

你再不用負上過重的責任，你再沒有跟你分擔的隊友，或許你曾在成長中討厭過他，妒忌過他，嫌棄過他，但別忘記在你最需要附和的那個夜晚，就是他令你於無助裡不感孤單。人生路崎嶇難行，難怪需要手足結伴支撐。再見了兄弟姊妹，童年時中途退出的玩意，但願某天能夠再玩一次。

很快，你再不會是誰的孫兒。

一直被偏袒的對待，原來是一種無條件的愛。曾以為隔了一代便會生疏見外，但原來是自己一直把眼光對外，而忽略了背後不辭勞苦的關愛。可惜的是，當自己大得成熟了，他們已老得沉睡了。再見了外公外婆，願你們會原諒這年少無知的我。

很快，你再不會是誰的伴侶。

能愛到視對方為家人，相信是一種靈光一閃的緣分，幸好那一刻大家也抓緊，感激過程裡大家也認真，才能換來雙方也陶醉閉眼的一吻。是這份愛令你相信愛，也是因為這一位，令你相信家人也可以沒有血緣關係。再見了愛人，是你令我相信愛的可能。

很快，你再不會是誰的父母。

為他擔心了大半生，或許也是時候放手，讓他活出屬於自己的人生。成長難免有恐懼，未來充斥著疑慮，但由出世一刻你也陪伴他共同進退，相信這份愛早已流動於他的血液裡。再見了孩子，就帶著勇氣和良知，延續我們這個家的故事。

一生的回憶一剎便掠過，原來你不止是你，原來在不同人的眼中你也是不同的自己。**來到生命的盡頭，原來最難放下的始終是陪伴過你大半人生的家人。**

因為家人，你會因愛受傷，但也會因愛原諒；
因為家人，你會怒火中燒，但也會破涕為笑；
因為家人，你會記恨一世，但也會前事不計。

對，家人這個角色就是會令你患得患失，會令你自相矛盾，會令你畢生倚賴後一晚長大，會令你執迷不悔後一刻釋懷。相處的過程裡，你會嚐盡生命中最激烈的情緒，難過會是呼天搶地的難過，傷痛會是萬箭穿心的傷痛，憤恨會是風雲變色的憤恨，快樂會是歡喜若狂的快樂，幸福會是由心而發的幸福。而經歷過所有的高低起伏，品嚐過所有的百般滋味，你會發現人生並沒有甚麼放不下，只是有些愛總是愛不夠，有些情總想再擁有，而氣結時手裡仍想抓緊著那對牽著你走過整趟人生的一雙手。

那一刻你終於覺悟，原來生命裡最能夠送給家人的一份厚禮，並不是甚麼說話，甚麼物質，甚麼遙不可及，甚麼絕無僅有，而是出於愛的一份明白。

對，「明白」是你能送給家人最有價值的一份禮物。

會明白家人有過不容易的成長經歷，所以才會有著今天的觀念和價值；

會明白家人有著自己的難處和優劣，所以即使多深愛也難以用言語開口說；

會明白家人總有做得不夠好的時刻，但其實自己也一樣，所以更會留意他們做得好的部分；

會明白家人每一天也是第一次和那個階段的自己相處，沒有人天生懂得做好某些角色，我們誰不是在懊悔中學有所成？

最後，明白家人與家人之間無須分勝負，亦無須談對錯，只因家人關係從來也不是論輸贏的競賽，而是互相明白和體諒的一份愛。

光的隧道差不多到盡頭了，一切，也真的要完了；所有的過去也即將要刪除了。

那麼，若然，真的有來生的話……
不如，就讓我們重新相遇一遍
就讓我們重新了解，重新認識一遍；
就讓我們不吞吐的說句我愛你，
就讓我們不忌諱的說聲對不起，
這樣，大概便可彌補這一世因後知而後覺的遺憾美。

穿越雲層，告別前生，
你也終究化作了一束光散落於星辰。
但願擁抱過的餘溫能互相牽引，但願交疊過的掌紋能延續緣分，**就約定今生最愛的人，來生再做一家人。**

若然來生可以重新選擇，
你會否再次選擇你的家人作家人？
不管答案是會還是不會，
也懇請你帶着一份明白
去重新了解他們的過去與當下。
或許一直以來的誤解，
就只需要一聲明白作化解。
與其等待來生，
不如把握此刻的眼前人。

後記｜回憶重逢

「嗨，你還有想念他嗎？」

當你經歷過生離死別，大概每次閉上雙眼也是一種時光倒流。

思念，是生命裡最複雜的一種感覺，它的複雜性源自於它的難以預測、它的反覆無常、它的百感交集……思念細緻得猶如每一個毛孔內的七情六慾，思念柔軟得猶如最軟熟的纖維把你環抱，它可以頓時令你從溫暖中驅走恐懼，亦可以在下一秒令你從寂寞中加劇空虛。

思念，會讓你看到某些場景而勾起塵封已久的熱暖；
思念，會讓你聽到某個名字而歷歷在目地鼻頭一酸；
思念，會讓你回顧某些錯過時對某張面孔有所虧欠；
思念，會讓你徹夜難眠再在最脆弱的時刻沾濕眼簾；
思念，會讓你重溫那個歷久不衰的笑話時眉開心甜；
思念，會讓你忘了時間再重回那間充斥回憶的食店；
思念，會讓你珍惜光陰再對仍在身旁的人著緊一點；
思念，會讓你明白一切也有限期而並沒甚麼可獨佔。

大概就是這種難以預料的翻雲覆雨，令世人開始不敢思念，不敢回眸，不敢憶起，甚至不敢再把心敞開，重新建立一些更深入和深刻的關係。

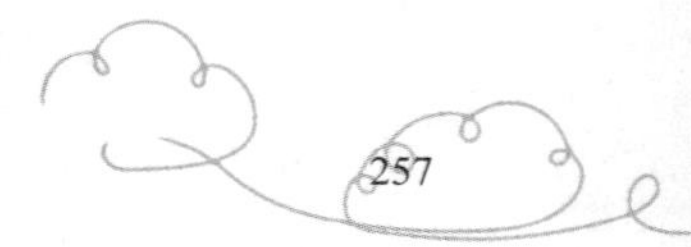

若然真的是這樣的話，你不會覺得很可惜嗎？

倘若你因為怕失去愛，而不再投入愛，你的未來所失去的其實不止是愛，還有對每天日常的一種期待、人與人之間的基本所需、獨一無二的痊癒良方、令你頓時平靜下來的擁抱、令你看清自我價值的陪伴、令你成為更好的一面鏡、令你重新學習相信的信任、令你無須任何物質也可握於手裡的快樂……還有，讓你感到所有經歷也值得，所有經歷也是為了造就這份幸福的愛與被愛。

如果因為害怕失去而不再爭取，你的心和生命只會隨歲月漸漸逝去，因為沒有愛的人生是蒼白的，哪怕新的愛不可能彌補舊的情，但卻能令你灰濛的雙眼再度看清，原來自己是可以帶著逝去的東西一直向前，原來告別的只是軀體而不是回憶，原來所謂的過去無須過去，卻能成為你為明天奮鬥的期許。

成長的智慧，不是要你站在今天否定過去，而是從過去的人情世故中認清自己所需，謹記愛與伴隨，深刻過的也收於心裡，再在未來的旅程把絆腳的頑石化為剔透的翡翠。

親愛的，就容許思念會是自己一輩子要共存的事。

回憶無罪，放不下的便即管把思念放於同行的行裝裡，寂寞時把它打開提取溫度，預備好了便繼續攜同它結伴上路。不要忘記，行裝內的一切，也是你和他們最彌足珍貴的關係，也是他們用整趟人生想留給你的愛和智慧。

想通了，明瞭了，原來自己無須要一直被過去拖著走，但你卻可選擇帶同過去一起向未來走。只因生命中的某些重量，就是用來提醒你的心之所向。

由初生初見，經歷過相恨相害，學懂了相處相愛，面對了再會再見，領略了遺愛遺傳……此刻的你，會有甚麼一直藏在心底的說話想告訴某一位一直等待著你的家人嗎？

下一頁是信紙一張，留給你寫下心中所想。

不管是寫給一位你最愛的家人、一位你想說聲抱歉的家人、一位你想說聲謝謝的家人、一位生疏了但你仍然重視的家人，甚至是一位逝去了但仍念念不忘的家人……我也想鼓勵你重新把筆提起，把心裡想說的話向珍而重之的人親手遞寄。

以愛作墨，以情落筆；

願你相信文字的力量，願你不讓後悔成為你餘生的創傷。

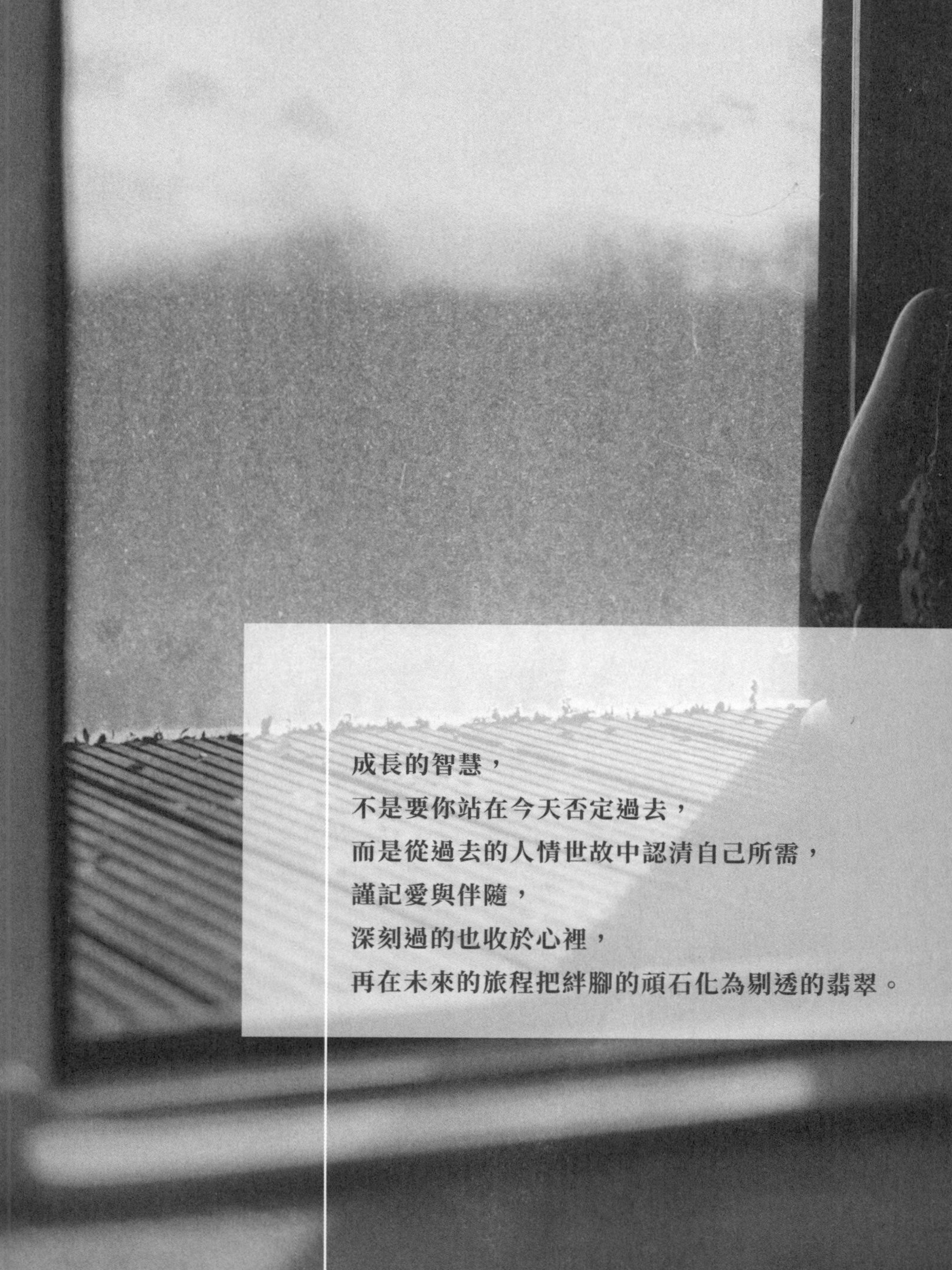

成長的智慧，
不是要你站在今天否定過去，
而是從過去的人情世故中認清自己所需，
謹記愛與伴隨，
深刻過的也收於心裡，
再在未來的旅程把絆腳的頑石化為剔透的翡翠。

enlighten &fish 亮光

書　　名：來生再做一家人
作　　者：唐啟灃

出 版 社：亮光文化有限公司
Enlighten & Fish Ltd
社　　長：林慶儀
編　　輯：亮光文化編輯部
設　　計：亮光文化設計部
地　　址：新界火炭坳背灣街61-63號
盈力工業中心5樓10室
電　　話：(852) 3621 0077
傳　　真：(852) 3621 0277
電　　郵：info@enlightenfish.com.hk
網　　址：www.signer.com.hk
面　　書：www.facebook.com/enlightenfish

2025年4月初版

I S B N　978-988-8884-34-6
定　　價：港幣＄138

法律顧問：鄭德燕律師